刘斌 著

法器与王权

良渚文化玉器

良渚文明丛书
Liangzhu Civilization Series

Ritual Tools and King Power

Jade of Liangzhu

ZHEJIANG UNIVERSITY PRESS
浙江大学出版社

良渚与中华五千年文明

刘　斌

时间与空间真是奇妙的组合，当我们仰望星空，看到浩瀚的宇宙，那些一闪一闪的星星，仿佛恒久不变地镶嵌在天幕中。然而，现代科学告诉我们，光年是距离单位，宇宙深处星星点点射向我们的光线，来自遥远的过去。原来，时空的穿越，不过是俯仰之间。

考古，同样是这种俯仰之间的学问，由我们亲手开启的时光之门，将我们带回人类历史中每一个不同的瞬间。而距今 5000 年，就是一个特殊的时间点。

放眼世界，5000 年前是个文明诞生的大时代。世界上的几大流域，不约而同地孕育出早期文明，比如尼罗河流域的古埃及文明、两河流域的苏美尔文明、印度河流域的哈拉帕文明。那么，5000 年前的中华文明在哪里？这个问题困扰学界甚久。按照国际上通行的文明标准，城市、文字、青铜器……我们逐一比对，中国的古代文明似乎到出现了甲骨文的商代为止，便再难往前追溯了。

　　考古学上，我们把文字之前的历史称为"史前"。在中国的史前时代，距今1万年以来，在辽阔版图的不同地理单元中，就开始演绎出各具特色的文化序列。考古学上形象地称之为"满天星斗"。然而，中国的史前时代长久以来被低估了。一直以来，我们都是以夏商为文明探源的出发点，以黄河文明作为中华文明的核心，无形中降低了周围地区那些高规格遗迹遗物的历史地位，比如辽西的红山文化、江汉地区的石家河文化、太湖流域的良渚文化、晋南的陶寺文化、陕北的石峁遗址……随着探源脚步的迈进，我们才渐渐发现，"满天星斗"的文化中，有一些已然闪现出文明的火花。"良渚"就是其中一个特殊的个案。

　　大约在5300年前的长江下游地区，突然出现了一个尚玉的考古学文化——良渚文化。尽管在它之前，玉器就已广受尊崇，但在此时却达到空前的繁荣。与以往人们喜爱的装饰玉器不同，良渚人的玉器可不仅仅是美观的需要。这些玉器以玉琮为代表，并与钺、璜、璧、冠状饰、三叉形器、牌饰、锥形器、管等组成了玉礼器系统，或象征身份，或象征权力，或象征财富。那些至高无上的人被埋葬在土筑的高台上，配享的玉器种类一应俱全，显示出死者生前无限的尊贵。礼玉上常见刻绘有"神徽"形象，用以表达良渚人的统一信仰。这些玉器的拥有者是良渚的统治阶级，他们相信自己是神的化身，行使着神的旨意，随葬的玉器种类和数量显示出他们不同的等级和职责范围。我们在杭州余杭的反山、瑶山，常州武进的寺墩，江阴的高城墩，上海的福泉山等遗址中，都发现了极高等级的墓群。这就似乎将良渚文化的分布范围分割成不同的统治中心，呈现出小邦林立的局面。然而，历史偏偏给了余杭一个机会，在反山遗址的周围，越来越多的良渚文化遗址被发现，这种集中分布的遗址群落受到了良好的保护，使得考古工作得以在这片土地上稳步开展。到今天再来回望，这为良渚文明的确立提供了必要的前提。否则，谁会想到零星发现的遗址点，竟然是良渚古城这一王国之都的不同组成部分。

今天，在我们眼前所呈现的，是一个有 8 个故宫那么大的良渚古城（6.3 平方公里）。它有皇城、内城、外城三重结构，有宫殿与王陵，有城墙与护城河，有城内的水路交通体系，有城外的水利系统，作为国都，其规格已绰绰有余。除了文字和青铜器，良渚文化在各个方面均已达到国家文明的要求。其实，只要打开思路，我们会发现，通行的文明标准不应成为判断一个文化是否进入文明社会的生硬公式。青铜器在文明社会中承载的礼制规范的意义，在良渚文化中是体现在玉器上的。文字是记录语言、传承思想文化的工具，在良渚文化中，虽然尚未发现文字系统，但那些镌刻在玉礼器上的标识，也极大程度地统一着人们的思想，而大型建筑工事所反映出的良渚社会超强的组织管理能力，也透露出当时一定存在着某种与文字相当的信息传递方式。因此，良渚古城的发现，使良渚文明的确立一锤定音。

如今，良渚考古已经走过了 80 多个年头。从 1936 年施昕更先生第一次发现良渚的黑皮陶和石质工具开始，到今天我们将其定义成中国古代第一个进入早期国家的区域文明；从 1959 年夏鼐先生提出"良渚文化"的命名，学界逐渐开始了解这一文化的种种个性特点，到今天我们对良渚文明进行多领域、全方位的考古学研究与阐释，良渚的国家形态愈发丰满起来。这一系列丛书，主要是由浙江省文物考古研究所致力于良渚考古的中青年学者，围绕近年来杭州市余杭区瓶窑镇良渚古城遗址的考古发现与研究，集体编纂而成，内含极其庞大的信息量。其中，包含有公众希望了解的良渚古城遗址的方方面面、良渚考古的历程、良渚时期古环境与动植物信息、代表了良渚文明最高等级墓地的反山王陵、为人们津津乐道的良渚高等级玉器、供应日常所需林林总总的良渚陶器……还有专门将良渚置于世界文明古国之林的中外文明比对，以及从媒体人角度看待良渚的妙趣横生的系列报道汇编。相信这套丛书会激起读者对良渚文明的兴趣，从而启发更多的人探索我们的历史。

可能很多人不禁要问：良渚文明和中华文明是什么样的关系？因为在近现代历史的观念里，我们是华夏儿女，我们不知道有一个"良渚"。其实，这不难理解。我们观念里的文明，是夏商以降、周秦汉唐传续至今的，在黄河流域建立政权的国家文明，是大一统的中华文明。考古学界启动"中华文明探源工程"，为的就是了解最初的文明是怎样的形态。因此，我们不该对最初的文明社会有过多的预设。在距今 5000 年的节点上，我们发现了良渚文明是一种区域性的文明。由此推及其他的区域，辽西可能存在红山文明，长江中游可能存在石家河文明，只是因为考古发现的局限，我们还不能确定这些文明形态是否真实。良渚文明在距今 4300 年后渐渐没落了，但文明的因素却随着良渚玉器得到了有序的传承，影响力遍及九州。由此可见，区域性的文明实际上有全局性的影响力。

人类的迁徙、交往，从旧石器时代开始从未间断。不同规模、不同程度、不同形式的人口流动，造成了文化与文化间的碰撞、交流与融合。区域性的文明也是一个动态的过程。目前来看，良渚文明是我们所能确证的中国最早文明，在这之后的 1000 多年，陶寺、石峁、二里头的相继繁荣，使得区域文明的重心不断地发生变化。在这个持续的过程中，礼制规范、等级社会模式、城市架构等文明因素不断地传承、交汇，直至夏商。其实，夏商两支文化也是不同地区各自演进发展所至，夏商的更替，其实也是两个区域性文明的轮流坐庄，只是此时的区域遍及更大的范围，此时的文明正在逐鹿中原。真正大一统的中央集权国家，要从秦朝算起。这样看来，从良渚到商周，正是中华文明从区域性文明向大一统逐步汇聚的一个连续不断的过程，万万不可将之割裂。

2019 年 5 月于良渚

前言　Foreword

玉——石之美者

在认识玉器之前，我们首先应该弄明白玉的概念。玉有两种概念：一种是传统的习惯概念，另一种是科学上的矿物学概念。我们实际接触的古代玉器，一般都是以传统概念为标准的。东汉的许慎在《说文解字》中给出了玉的定义，为"石之美有五德者"。可见传统的玉的概念就是美丽的石头。从实际的发现看，玛瑙、水晶、石英、绿松石、叶蜡石、蛇纹石等美石，在古代都是被当作玉来使用的。由于各地出产的玉的质量、颜色和硬度等都有所不同，所以就有了各种以产地来命名的玉。比如著名的有新疆的和田玉、陕西的蓝田玉、河南的南阳玉和辽宁的岫岩玉等。同时由于玉有着多种多样的颜色，所以又有以颜色来区分的名称，常见的有白玉、碧玉、黄玉和墨玉等。

19 世纪后期，法国的矿物学家德穆尔按矿物学的概念，将中国的玉分为两大类。一类是角闪石类的玉，称为软玉（nephrite），其矿物学名称叫作透闪石或阳起石，透闪石是一种含水和氟的钙镁硅酸盐

（$Ca_2Mg_5[Si_4O11]_2(OH)_2$），其成分中常含有 4% 以下的铁，当铁含量超过 4% 时即过渡为阳起石（$Ca_2(Mg,Fe)_5[Si_4O11]_2(OH)_2$）。随着矿物成分中铁、镁等元素含量的不同，玉呈现出白、绿、黄、黑等各种不同的颜色。和田玉即是一种较好的软玉，呈脂肪一样的润泽白色，俗称为羊脂白玉，硬度为 6 ~ 6.5，密度一般在 3 克 / 立方厘米左右。

另一类是辉闪石类的玉，称为硬玉 (jadeite)。硬玉是由一种钠和铝的硅酸盐矿物组成（$NaAl[Si_2O_6]$），纯净者呈无色或白色。硬玉的翠绿色和红色，主要是由于含微量的铬和氧化铁等元素。由于这种玉的颜色艳丽，如同古代翡翠鸟的羽毛，所以我们中国人便借用了翡翠鸟的名称，称硬玉为翡翠。

翡翠的莫氏硬度为 6.5 ~ 7.5，密度为 3.33 克 / 立方厘米。这两类玉的共同特点都是具有半透明和闪烁特性的矿物集合体，而且具有交织纤维状的显微结构，所以具有一定的韧性，适合雕琢造型。

我国使用软玉的时间，大约已有七八千年了，而翡翠的使用基本上是从明朝才开始的。

所谓软玉和硬玉的硬度究竟是怎样的呢？我们现在常用的硬度的标准之一，是 1824 年奥地利的矿物学家腓特烈·摩斯（Friedrich Mohs）提出的一种利用矿物刻画的测量方法。他把矿物的硬度分成为 10 个等级。最软的矿物是滑石，硬度只有 1，石膏为 2，方解石为 3，萤石为 4，磷灰石为 5，长石为 6，石英为 7，黄玉为 8，刚玉为 9，最硬的矿物是金刚石，硬度为 10。刚才我们说了，软玉的硬度一般是 6 ～ 6.5，硬玉的硬度一般为 6.5 ～ 7.5。如果我们拿日常生活中的物品做个比较，就可以明白这种硬度的概念了。一般玻璃的硬度为 6，所以真玉是可以刻动玻璃的。我们一般使用的刀子的硬度是 5 ～ 5.5，所以普通刀子刻不动真玉。一般的铜钥匙硬度是 3，而一般人的指甲硬度是 2 ～ 2.5。

如此坚硬的玉是怎样加工的呢？我们都听说过"它山之石，可以攻玉"这句话吧。其实古人最初就是利用比玉还坚硬的其他矿石来加工玉器的。据考古学家们研究，在新石器时代，金属工具还没有被发明，人们除了直接用石英砂岩切割、钻刻、打磨玉器外，还利用竹子、麻线等材料，加上水和砂子，间接地进行加工。这种加工的方式，有别于以往对石器的加工方式，可以说是人类制造史上的一次进步。

在金属工具被发明以后，人们制造出了圆形的砣锯，通过高速旋转砣锯，带动解玉砂，对玉器进行加工，从而大大提高了加工的效率。明代宋应星的《天工开物》里记载："凡玉初剖时，冶铁为圆盘，以盆水盛沙，足踏圆盘使转，添沙剖玉，遂忽划断。"我们今天在加工玉雕时，仍然采用砣锯的方法，只是将金刚砂直接粘在了砣锯的刃上。

考古学证明，人类已经历了 300 多万年的发展，在距今 1 万多年以前的旧石器时代，一直使用打制石器；直到距今约 1 万年的时候，人类才开始进入磨光石器的新石器时代，并发明了陶器。中国在新石器时代早期就开始使用玉器，目前发现最早的玉器，距今 8000 多年，在辽宁阜新查海遗址和内蒙古赤峰兴隆洼遗址出土，主要器形有玉玦、玉锛、玉匕等[①]。纵观人类的物质文化发展史，可以说，一大半源于认识石头的历史。玉是一种特殊的矿物，是岩石中的结晶，由于其美丽、坚韧和稀有等原因，被赋予了许多灵性的意愿。今天在考古学认识的基础上，我们可以说，人类对于玉的认识，是在经历了两三百多万年的石器时代之后，对于矿石分类认识上的一大进步。

现代考古学按物质发展阶段，把人类历史划分为石器时代、青铜时代和铁器时代，揭示了世界历史发展的共同规律。从物质的表面现象看，这三者之间确实有着很大的区别，可是我们如果单从矿物学角度分析，铜、铁及更多金属的发现，不都是人类在矿石分类、认识和加工上的进步吗？从此意义上看，无论是对玉石特性的认识，还是有别于石器加工的以解玉砂为介质的线切割、锯切割、管钻及砣切割等加工方法上的发明，无疑都是人类进步史上的重要环节。

---

① 杨虎、刘国祥：《兴隆洼文化玉器初论》，引自《东亚玉器》，香港中文大学中国考古艺术研究中心 1998 年版。

目录 Contents

Ritual Tools and King Power :
Jade of Liangzhu

法器与王权：良渚文化玉器

第一章 发现与认识

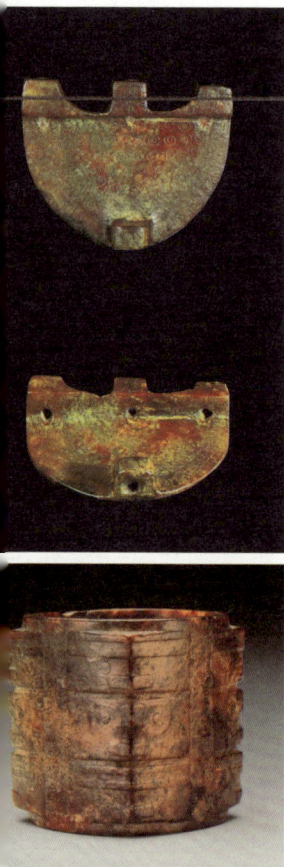

一 从乾隆皇帝的收藏说起

　　由于乾隆皇帝喜好古物，所以清宫中收藏了大量的古玉。其中有良渚文化的玉琮、玉璜、三叉形器等玉器。乾隆皇帝还常常为新获得的玉器赋诗作文。从其诗文的内容看，玉琮当时被认作是古代扛夫抬举辇车或乐鼓所用的"杠头"装饰。乾隆皇帝的收藏反映了近代良渚玉器的出土情况。

　　良渚玉器的出土与传世，几千年来未曾间断。最早也许可以上溯到殷商时期的古蜀国。成都金沙遗址出土的一件玉琮，从形制与雕工看，无疑是4000多年前良渚人的作品。这也许是古蜀国传承千年的传家宝，也许是殷商时

台北故宫博物院藏刻有纹饰的三叉形器（上）
台北故宫博物院藏刻有乾隆御制诗的玉琮（下）

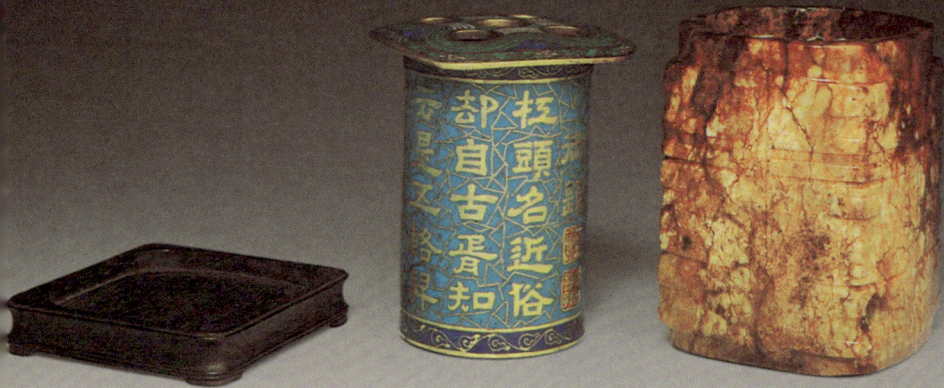

台北故宫博物院藏刻有乾隆御制诗的玉琮

期新获得的一件宝物，但他们似乎并没有忘记它所代表的神性，因此模仿制作了许多风格相似的玉琮。

至西周以后，世人逐渐不识良渚玉琮的本来面目与意义了。江苏吴县严山春秋时代的窖藏中发现，良渚玉琮被当成了可以再利用的玉料，重新被加工和切割①，可见在当时，这些良渚玉器并未被当作古物而加以珍藏。因此良渚人发明的玉琮的神性内涵至此已经失传。

但是中国人对玉的情有独钟却并没有间断，对于玉器的研究更是由来已久。早在近代考古学用物质标准划分人类历史发展阶段以前，中国东汉时期的袁康就有了类似的划分，他在《越绝书》中记载了战

----

① 吴县文管会：《江苏吴县吴国玉器窖藏》，《文物》1988 年第 11 期。

江苏吴县严山窖藏作为玉料切割的良渚高
节琮

国时代风胡子对楚王说的一段
话。风胡子说："轩辕、神农、
赫胥之时，以石为兵，断树木
为宫室，死而龙藏，夫圣主使
然。至黄帝之时，以玉为兵，
以伐树木为宫室，夫玉亦神物
也，又遇圣主使然，死而龙藏。
禹穴之时，以铜为兵，以凿伊
阙、通龙门，决江导河，东注
于东海，天下通平，治为宫室，
岂非圣主之力哉。当此之时，
作铁兵，威服三军，天下闻之，
莫敢不服，此亦铁兵之神，大
王有圣德。"

　　袁康的划分与近代考古学
根据生产工具质料的发展变化
所划分的石器时代、铜器时代
和铁器时代的人类历史的发展
阶段及顺序十分吻合。就中国

四川金沙遗址出土的良渚文化玉琮（左）
四川金沙遗址出土的商代玉琮（右）

考古所揭示的物质文化的发展历史，不仅符合这样的发展顺序和对应年代，而且在新石器时代的中晚期，也确实存在广泛的用玉现象，存在一个以玉为兵，以玉为礼的时代。

中国的金石学兴起于宋代，以证经补史为目的，因此，金石学十分重视碑刻和青铜器等有文字的古物的搜集与考证。在金石学的著作中，关于玉器的研究，一直属于次要的地位。宋代吕大临的《考古图》中，仅选录了圭、璧等14件玉器。南宋的《续考古图》略有增补。元代朱德润的《古玉图》是我国第一部专门的玉器图录，可以说标志着古玉研究在金石学中开始有了独立的地位。

清末吴大澂的《古玉图考》，可谓古玉研究中最为杰出和集大成者。正如他自己在序中所言，"好古之士，往往详于金石而略于玉，为其无文字可考耶"，"余得一玉，必考其源流，证以经传"。《古玉图考》在玉器的考据研究方面有很大的贡献，而且配有相当精确的绘图，大多数的图上还注明比例、尺寸、颜色等内容。这为我们将古文献中所描绘的玉器与实物相对应提供了最直接的依据。在《古玉图考》中，有收录我们今天所熟知的良渚文化的玉琮，这是第一次将历史文献中记载的玉琮归属到了具体的实物。经吴大澂考证，才使人们第一次认识到这种外方内圆的玉器原来这正是古代经籍中所称的"琮"。虽

李仲明家所收劉夂二十字器形大小割度未詳

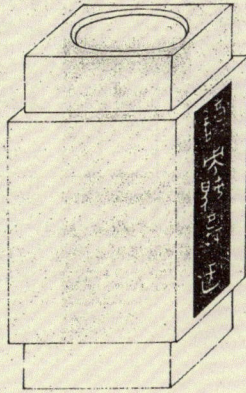

《续考古图》中著录的玉琮

瑂玉蚩尤環

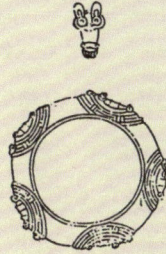

右璏以桼尺度圍徑三寸五分厚五分色如
赤瑞而內質瑩白循珇作五蚩尤形首尾銜
帶珇續古朴真三代前物也蓋古者黃帝氏
平蚩尤因大霧作指南車飾以文王今其文
作蚩尤形蓋當時與服兩用之物也延祐中
嘗複觀於獇師道學士孫元明處

朱德润《古玉图》中著录的"瑂玉蚩尤环"

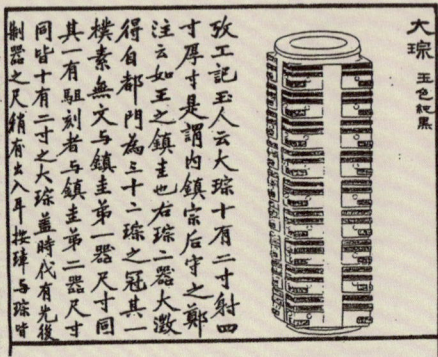

吴大澂《古玉图考》封面书影（左）

《古玉图考》中著录的"大琮"及其考证（右）

然良渚玉器在当时还被认作是周汉之器，但就玉琮本身所进行的有价值的学术考证，这应该是第一次。

南宋时期有青瓷琮式瓶和石质琮式瓶，外方内圆，四面有竖槽和突起的横条装饰，显然是模仿了良渚玉琮的形态特征。这间接地说明了良渚文化玉器在宋代就曾出土过，并成为人们喜爱的珍玩。

1936 年，西湖博物馆的施昕更先生在他的家乡良渚揭开了良渚文化考古的序幕。施昕更先生的《良渚——杭县第二区黑陶文化遗址初步报告》，也向我们透露出了 20 世纪初浙江的盗墓之风。报告中称："杭县所出玉器，名为安溪土，驾乎嘉兴双桥土之上，而玉器所得不易，价值至巨，且赝品充斥，不可不注意，杭县的玉器，据善于掘玉者的经验，及出土时的情形看来，都是墓葬物，可无疑问，而墓葬

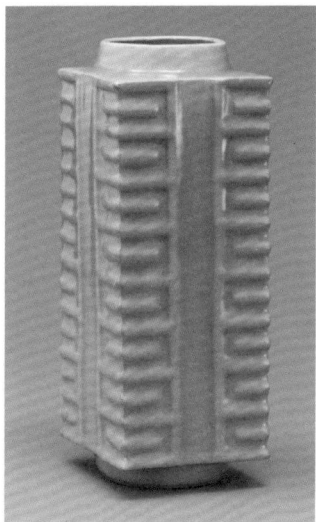

南宋龙泉窑琮式瓷瓶

的地方，无棺椁砖类之发现，据掘玉者以斩砂土及朱红土为标志，也是墓葬存在的一证……所谓有梅花窖，板窖之称，排列整齐而有规则，每得一窖，必先见石铲，下必有玉，百不一爽，每一窖之玉器，形式俱全，多者竟达百余件……"从此可知良渚盗墓者对古墓埋藏特点的熟悉程度，良渚玉器的出土与流失也可见一斑。施昕更先生虽然断定玉器为墓葬中随葬之物，但也未敢确定其与黑陶处于同样的年代，而是将其认作是商周之物。

嘉善博物馆藏张天方捐赠的"双桥土"高节琮

另据卫聚贤在《吴越考古汇志》(《说文月刊》第 1 卷第 3 期)中所记，杭嘉湖地区在 20 世纪 30 年代以前曾有多次古玉出土的线索。据记载，杭县安溪有一姓洪的农民，在清末曾掘到几担古玉。1930 年，苏嘉公路桥北端曾出土一批古玉。1937 年，在嘉兴双桥发现玉璧 90 余件。张天方先生在《浙西古迹》[1] 一文中也记录了嘉兴双桥在光绪二十三年（1897）和民国二十三年（1934）曾有两次玉器出土。依现在的考古学知识我们可以认定，这些古玉基本应属于良渚文化，可惜的是当时这些玉器大部分都流散到了海外。可见所谓"安溪土"和"嘉兴双桥土"之说是有其来历的。

....

[1]　嘉善县政协文史委编：《文史大家张天方》，浙江摄影出版社 2005 年版。

二　考古的发现与认知

1973 年江苏吴县草鞋山的发掘工作，第一次确定了原来被认为是周汉之际的琮、璧等大型玉礼器，是出自良渚文化的墓葬[①]。这不仅为琮、璧的起源找到了考古学证据，而且也让考古学家们开始重新认识良渚文化的社会发展程度。

继草鞋山发掘之后，1977 年江苏又在吴县张陵山遗址发掘出了随葬琮、璧的良渚文化的大型墓葬[②]，从而引起了学术界对良渚玉器的关注。一方面，这些中国礼制中的重器，竟在一向被认为是"蛮夷之地"的江南找到了渊源；另一方面，大墓与小墓之间所表现出的巨大差异，也促使人们对这一地区史前文化的先进性进行重新估计。

1978 年、1979 年和 1982 年，南京博物院对常州武进寺墩遗址进行了几次发掘，又发现了以数十件琮、璧等玉器随葬的更为壮观的

---

① 南京博物院：《江苏草鞋山遗址》，《文物资料丛刊》1980 年第 3 辑。
② 南京博物院：《江苏吴县张陵山遗址发掘简报》，《文物资料丛刊》1982 年第 6 辑。

草鞋山 M198 出土现场

福泉山遗址发掘场景

大墓，对琮、璧等玉器的形制也有了更进一步的认识，并提出了对氏族显贵者及其家族墓地的认识①。

　　1982年和1983年，上海文管会在上海青浦福泉山遗址的发掘中，也发现了随葬大量玉器的良渚大墓。而且在对墓地的解剖中认识到，这一突兀的土山，竟是专门为埋葬这些墓主人而由人工堆筑营建而成的"土筑金字塔"②。

① 南京博物院：《江苏常州武进寺墩遗址的发掘》，《考古》1984年第2期。
② 上海文管会：《福泉山——新石器时代遗址发掘报告》，文物出版社2000年版。

反山 M20 出土的组装玉钺

反山遗址发掘场景

　　1986 年，浙江省文物考古研究所也终于在良渚文化的发现命名地——余杭县长命乡（现在的瓶窑镇）反山，发掘到了良渚文化的大墓，共清理出了排列有序的 11 座墓葬。这些大墓在排列位置、墓坑规格、随葬品的多寡与种类上，都反映出许多的差异和严格的规定，这是前所未有的发现与认识。通过反山的发掘，对良渚玉器的种类、组合与功能等的研究有了许多新的认识，从而开辟了良渚玉器研究的一个新阶段 [①]。

....

① 　浙江省文物考古研究所：《浙江余杭反山发现良渚文化重要墓地》，《文物》
1986 年第 10 期；浙江省文物考古研究所：《浙江余杭反山良渚墓地发掘简报》，
《文物》1988 年第 1 期。

反山 M22 出土的冠状饰（上左）

反山 M17 出土的玉龟（上右）

反山 M12 出土的玉琮（下左）

反山 M12 出土的嵌玉漆杯（下右）

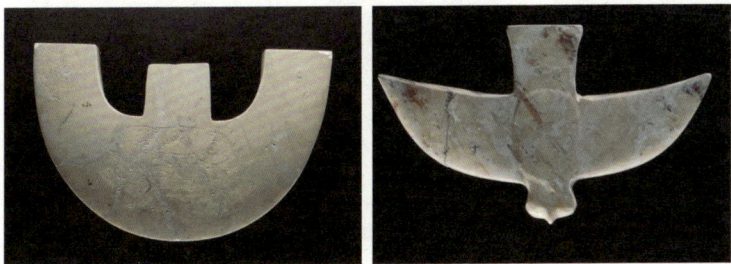

反山 M14 出土的三叉形器（左）
反山 M15 出土的鸟（右）

对以往作为兽面来认识的玉器上的图案，由于反山出土了它完整的神兽结合的图像的祖形，从而在解释这一图像的内涵上，有了完全不同的角度。兽面作为良渚人崇拜的神徽这一点已成为共识。这一认识上的改变，对于正确解读良渚玉器的功能与造型上的意义，起了关键性的作用。

对琮、璧、钺、三叉形器、冠状器、玉璜、锥形器等玉器，从组合上和礼器系统的角度开始进行探讨。良渚玉器的研究，自此开始走向成熟。

瑶山祭坛发掘场景

　　1987 年，浙江省文物考古研究所又发掘了余杭安溪瑶山遗址，在瑶山的山顶上挖掘出了一座平面上呈内外三重土色结构，边缘砌有石头护坡的覆斗形的祭坛遗迹，并在祭坛上清理了 11 座与反山相类似的良渚文化大墓[①]。

----

① 浙江省文物考古研究所：《余杭瑶山良渚文化祭坛遗址发掘简报》，《文物》1988 年第 1 期。

20 世纪 80 年代中期以后，江浙沪三省市又相继发掘了许多良渚文化的重要墓地和遗址，出土了大量的良渚玉器。

江苏省主要发掘了新沂的花厅、常熟的罗墩、昆山的赵陵山和绰墩、武进的寺墩、江阴的高城墩、句容的丁沙地、无锡的邱承墩、兴化的蒋庄、常州的青城墩等遗址。

上海主要发掘了金山的亭林、松江的广富林、青浦的吴家场等遗址。

浙江省主要发掘了余杭的钵衣山、汇观山、庙前、梅园里、横山、文家山、卞家山、后头山、塘山、梅家里、玉架山、茅山、官井头、姜家山、钟家港，海宁的荷叶地、达泽庙、大坟墩、郜家岭、佘墩庙、皇坟头、小兜里，桐乡的普安桥、徐家浜、新地里、叭喇浜、姚家山，嘉兴的大坟、高墩，海盐的龙潭港、周家浜、仙坛庙，平湖的戴墓墩、庄桥坟，德清的中初鸣，奉化的名山后，浦江的阔塘山背等遗址。

江苏武进寺墩墓葬及玉器

江苏新沂花厅遗址的发掘，反映了良渚文化向北的扩展和与大汶口文化的交流与融合。浙江浦江阔塘山背遗址的发掘，则反映出良渚文化向南的扩展与延伸。

浙江余杭塘山、钟家港，德清中初鸣等遗址的发掘，都发现了有加工痕迹的良渚文化玉料以及砺石、黑石英片等加工工具。这些考古发现为研究良渚文化玉器的加工方式提供了直接的证据。

三　墓地中的等级与社会

从目前发掘的良渚墓葬材料可知，良渚社会存在着明显的等级与职能的差异。这些差异主要表现在墓地形制、墓坑的规模、葬具的配备及随葬品的种类与多寡等几个方面。而且这些差异不仅表现在个体之间，更多的则是反映出群体性和地域性的差别。据目前材料，我们可将良渚社会分为三个主要的等级。

第一等级主要以浙江余杭反山、瑶山 [1]、汇观山 [2]，江苏常州寺墩 [3]、江阴高城墩 [4]、无锡邱承墩 [5]、上海青浦福泉山等为代表。其中反山、瑶山两处墓地保存较好，最具典型性。该等级的墓地以大型的土台祭祀址为选地。墓坑大而深，一般长约 3 米，宽约 2 米，深约 1 米，有一

[1]　浙江省文物考古研究所：《浙江余杭反山良渚墓地发掘简报》，《文物》1988 年第 1 期。
[2]　浙江省文物考古研究所、余杭文管会：《浙江余杭汇观山良渚文化祭坛与墓地发掘简报》，《文物》1997 年第 7 期。
[3]　南京博物院：《1982 年江苏常州武进寺墩遗址的发掘》，《考古》1984 年第 2 期。
[4]　南京博物院：《高城墩》，文物出版社 2009 年版。
[5]　南京博物院、无锡锡山区文管会：《邱承墩》，科学出版社 2010 年版。

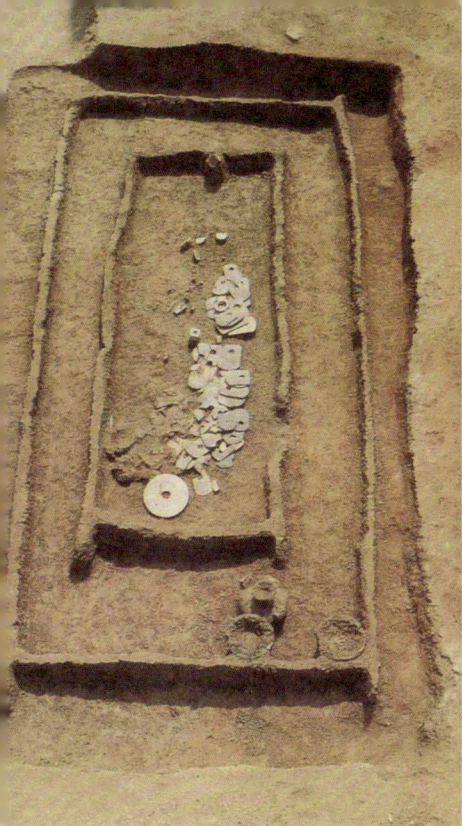

汇观山 M4 玉器出土情况（左）
反山 M23 出土玉器的情景（右）

重或两重的棺椁葬具。随葬品除鼎、豆、罐、缸等基本陶器组合外，以玉礼器为主，主要有琮、璧、钺、璜、冠状饰、三叉形器、锥形器等。从反山、瑶山两处墓葬的排列情况看，南北两排表现出明显的职能分工的区别。而两排都以居中的墓葬规格较高，向两侧渐低的方式排列，则似乎是生前位次的一种反映。从反山、瑶山的两处基地看，均只有十余座墓葬，等级规格较为统一，年代跨度不大且排列有序。这些情况反映了这个等级的墓葬，应已超出了氏族家族墓地的范畴，是一种单纯的方国统领集团的墓地。

文家山遗址 M1 出土情况（左）
玉架山遗址 M200 出土情况（右）

第二等级主要以浙江海宁荷叶地[①]、佘墩庙[②]、桐乡普安桥[③]，上海金山亭林[④]，江苏昆山赵陵山[⑤]等为代表。第二等级的墓葬主要埋在人工堆筑的专门墓地或小型的祭祀土台上。其墓地中既有以玉礼器随葬的大墓，又有不随葬玉礼器的普通墓葬及小孩墓等。大墓的墓坑规模与第一等级的墓葬相似，一般也有棺椁等葬具，但随葬玉器的数量一般要远远少于第一等级的墓葬，在一个墓地中往往可见琮、璧、钺、冠状饰、三叉形器、玉璜等种类齐全的玉礼器，但每一座墓葬的玉礼器组合往往不完备，并且在随葬玉礼器的同时，还常常随葬有石犁、石锛、石镰、耘田器等生产工具。这表明这些墓主人的身份与第一等级的纯粹的祭司统领集团有所不同，他们在做首领和巫师的同时，仍旧是氏族的一员，从事着生产劳动。从墓地情况看，这一等级墓地的规模，一般有 20 座墓以上，而且大墓与普通墓葬及小孩墓共出。这些

① 刘斌：《海宁荷叶地良渚文化遗址》，引自《中国考古学年鉴 (1989)》，文物出版社 1990 年版。
② 刘斌、赵晔：《海宁发现良渚文化重要墓地》，《中国文物报》1995 年 8 月 6 日。
③ 北京大学、浙江文物考古研究所、日本上智大学联合考古队：《浙江桐乡普安桥遗址发掘简报》，《文物》1998 年第 4 期。
④ 王正书：《金山县亭林良渚文化墓地》，引自《中国考古学年鉴 (1989)》，文物出版社 1990 年版。
⑤ 南京博物院：《赵陵山》，文物出版社 2012 年版。

卞家山遗址 M61 出土情况（左）

后头山遗址 M9 出土情况（右）

现象表明，第二等级的集团，应是以氏族或家族为单元。

第三等级以散见于一般遗址或有集中墓地的普通小墓为代表，主要有浙江平湖平丘墩，海宁干金角、徐步桥①，桐乡新地里②，余杭庙前③、卞家山④，江苏吴江龙南⑤，苏州越城⑥，上海马桥⑦、松江广富林⑧等。这些小墓多葬于居址附近，墓坑一般浅而小，长度一般在 2 米左右，宽 1 米左右。个别见有木棺葬具。随葬品主要有鼎、豆、罐、壶等陶器，以及石钺、石镰、耘田器、石锛等生产工具。约半数墓葬随葬有管、珠、坠等小件玉器。墓地规模从十余座到数十座不等。同一

①　浙江省文物考古研究所：《浙江北部地区良渚文化墓葬的发掘（1073—1986）》，引自《浙江省文物考古研究所学刊》，科学出版社 1993 年版。

②　浙江省文物考古研究所：《新地里》，文物出版社 2006 年版。

③　浙江省文物考古研究所：《余杭良渚庙前遗址发掘的主要收获》，引自《浙江省文物考古研究所学刊》，科学出版社 1993 年版；浙江省文物考古研究所：《庙前》，文物出版社 2005 年版。

④　浙江省文物考古研究所：《卞家山》，文物出版社 2017 年版。

⑤　苏州博物馆、吴江文管会：《江苏吴江龙南新石器时代村落遗址第一、二次发掘简报》，《文物》1990 年第 7 期。

⑥　南京博物院：《江苏越钺遗址的发掘》，《考古》1982 年第 5 期。

⑦　上海文管会：《上海马桥遗址第一、二次发掘》，《考古学报》1978 年第 1 期。

⑧　上海文管会：《上海市松江县广富林新石器时代遗址试掘》，《考古》1962 年第 9 期。

墓地中的墓葬一般没有明显的等级差异，这些墓葬应属于良渚社会基础的大众阶层。

　　除上述三个等级之外，在上海福泉山，江苏新沂花厅①、昆山赵陵山等遗址中，还见有无任何随葬品的处于从属地位的墓葬。这些墓葬虽然不构成明确的等级集团，但他们的地位却显然是更为低下的。因此我们可以说，良渚社会起码存在着三个以上的等级，而地区间及等级内部的差异，还有待日后进一步的研究和区分。

----

① 　南京博物院：《1989 年江苏新沂花厅遗址的发掘》，引自《东方文明之光》，海南国际新闻出版中心 1996 年版。

四　发现消失的王国

考古是一场探索的接力，不断地发现，不断地产生新的问题。追寻对人类历史的还原，在古与今、现实与梦想中穿梭，思索当今与未来，这种胸怀天下的考古人的情怀，从司马迁那时候起就已经产生了。从司马迁的"究天人之际，通古今之变"到张载的"为天地立心，为生民立命，为往圣继绝学，为万世开太平"成为 2000 多年来中国文人的内在追求。

20 世纪初是人类社会与科技大变革的时代。中国这样一个传统而古老的国家，在各个方面所受到的冲击更是巨大的。近代考古学在此时传入中国，并得到了快速的发展。北京周口店北京人遗址的发现，开启了研究旧石器时代人类历史的大门。安阳殷墟的发现，使商代的历史成为信史。新石器时代考古在黄河流域确立了以彩陶为特点的仰韶文化和以黑陶为特点的龙山文化。

1936 年，由于受到黄河流域考古发现的影响，吴越史地研究会的学者们开始在南方地区寻找史前人类的足迹。杭州古荡成为浙江第一个被发掘的新石器时代的遗址，发掘时间虽然很短暂，但发掘出土的石器和陶器，却足以证明杭州这片土地上人类历史的古老。

　　杭州古荡地区的发掘，就像一颗种子，引发了在西湖博物馆工作的年轻的施昕更先生探索的兴趣，他隐约觉得家乡良渚镇一带似乎也有类似的东西。于是他多次回到良渚进行野外调查，终于在 1936 年 11 月 3 日，于棋盘坟的一个干涸的池塘里发现了几片黑陶片，他拿回去对照《城子崖》考古报告，发现与山东城子崖龙山文化的陶片十分相似，今天我们似乎仍可以体会他当时那份发现的喜悦。于是他正式提出了发掘申请，取得了中央古物保管委员会颁发的采掘执照。他在 1936 年 12 月 1—10 日、12 月 26—30 日，1937 年 3 月 8—20 日，分三次对浙江余杭良渚棋盘坟、横圩里、茅庵前、古京坟、荀山东麓以及长明桥钟家村等六处遗址进行了试掘，获得了大批黑陶和石器，并于 1937 年出版了《良渚——杭县第二区黑陶文化遗址初步报告》一书。施昕更先生的发掘成为良渚遗址考古和良渚文化研究的肇始。但是在当时文化传播论与黄河中心论旧史观的影响下，良渚一带所发现的黑陶，就自然被归入了山东龙山文化之列，被认为是龙山文化向东南传播的一支。

　　从 1936 年施昕更先生发现良渚遗址至今，已经匆匆走过了 80 多个春秋。中国考古学经过几代人的不懈努力，如今对于良渚文化以及中国史前文化，已经有了较为全面而客观的认识。回顾 80 多年良渚文化发现与认知的历史，我们认为大致可以分为三个阶段。

（一）文化命名与谱系的建立

第一阶段约为 20 世纪 50 年代至 80 年代。

第一阶段可以分为前后两期：前期约为 20 世纪 50 年代至 60 年代中期。1949 年新中国成立，饱受沧桑的中国，百废待兴。随着基础建设的开展，许多遗址陆续被发现。在江苏、浙江和上海，主要发掘了：江苏无锡仙蠡墩，苏州越城，吴江梅堰；浙江吴兴邱城，杭州老和山，杭州水田畈；上海马桥，青浦崧泽，松江广富林

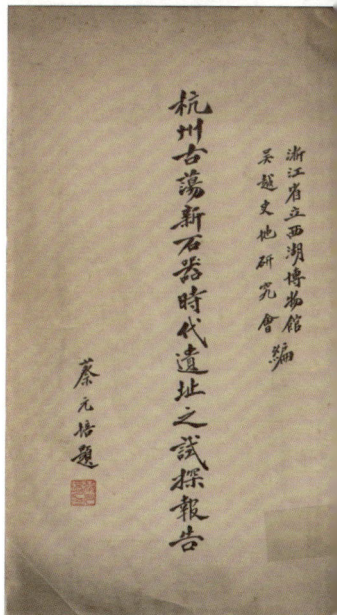

《杭州古荡新石器时代遗址之试探报告》

施昕更工作照

施昕更

等一系列包含良渚文化遗存的遗址[1]。通过这些发掘，研究者们开始注意到本地文化与山东龙山文化的差别，总结出了如鱼鳍形足鼎、发达的圈足器、表面易脱落的黑皮陶、穿孔石钺、三角形石刀、石耘田器、有段石锛等文化特征。于是，1959 年，夏

[1] 刘斌：《良渚文化的发现与研究》，《东方博物》1998 年第二辑。

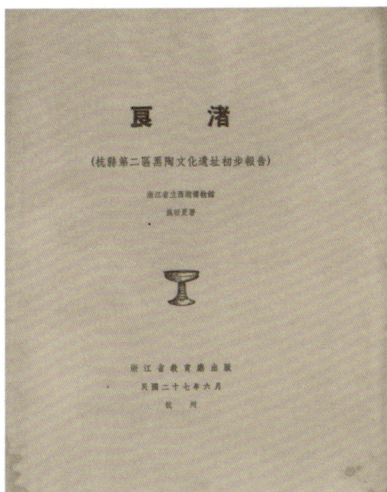

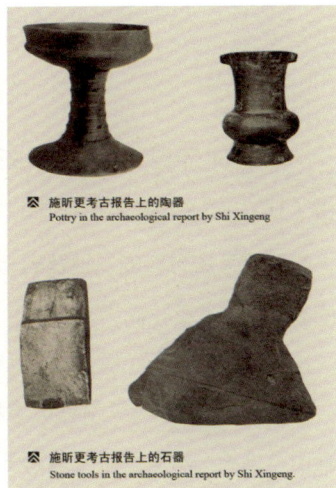

◈ 施昕更考古报告上的陶器
Pottry in the archaeological report by Shi Xingeng

◈ 施昕更考古报告上的石器
Stone tools in the archaeological report by Shi Xingeng.

《良渚》封面（左）

施昕更考古报告上的陶器（右）

鼐先生在长江流域考古工作会议上正式提出，把长江以南太湖流域主
要包含黑陶的这种文化命名为"良渚文化"[①]，从而开始了良渚文化研
究的新历程。在包含良渚文化遗存的许多遗址被发掘的同时，在地层
序列上也逐渐确立了良渚文化—崧泽文化—马家浜文化的叠压关系，
从而建立起了太湖流域的文化发展谱系。

第一阶段后期约从 20 世纪 70 年代开始。

---

① 夏鼐：《长江流域考古问题》，《考古》1960 年第 2 期。

从 1966 年到 1972 年，由于"文化大革命"的劫难，全国的考古工作几乎处于停滞的状态。1972 年以后，随着考古工作的恢复，大量新的考古材料的发现及碳-14 测定的年代数据的陆续公布，使中国的考古事业又走向了一个新的高潮。

1973 年江苏吴县草鞋山遗址的发掘是一次标志性的事件。在草鞋山遗址第一次发现了玉琮、玉璧等大型玉礼器和良渚文化陶器共存的墓葬，人们开始认识到这些以往被认作周汉时期的玉器原来是良渚文化之物。良渚文化的研究从此进入了一个新的阶段[①]。

继草鞋山发掘之后，1977 年又在江苏省吴县张陵山遗址发掘出了随葬玉琮、玉璧等的良渚文化大型墓葬[②]。

在 1978 年、1979 年和 1982 年，南京博物院对常州武进寺墩遗址进行了几次发掘，又发现了以数十件琮、璧等玉器随葬的更大型的墓，对琮、璧等玉器的形制也有了更进一步的认识[③]。这一系列发现开

---

① 南京博物院：《江苏吴县草鞋山遗址》，《文物资料丛刊》1980 年第 5 期。
② 吴山：《江苏吴县张陵山遗址发掘简报》，《文物资料丛刊》1982 年第 7 期。
③ 南京博物院：《1982 年江苏常州武进寺墩遗址的发掘》，《考古》1984 年第 2 期。

始引起学术界对良渚文化玉器的关注。一方面，这些中国礼制中的重器，竟在一向被认为是"蛮夷之地"的江南找到了渊源；另一方面，大墓与小墓之间所表现出的巨大差异，也足以使人们相信，这一文化的社会分化与进步，已达到了相当高的程度。

此外，在 20 世纪 70 年代还在以下地区发掘出了遗址：江苏常州圩墩、吴县澄湖；上海青浦崧泽；浙江嘉兴雀幕桥、双桥，海宁千金角、徐步桥，平湖平丘墩等[①]。这些遗址为研究良渚文化的内涵与分期提供了丰富的资料。

1977 年可以说是长江下游地区史前考古学的一个新的转变期。

首先，夏鼐先生在《碳-14 测定年代和中国史前考古学》一文中，提出青莲岗文化的江南类型和江北类型是两种不同的文化，建议把江南类型称为"马家浜文化"，包括马家浜和崧泽两个阶段。他根据碳-14 数据指出，马家浜文化年代上相当于中原的仰韶文化，认为良渚文化是继承马家浜文化发展而来的，其年代则相当于黄河流域的河

---

① 浙江省文物考古研究所：《浙江北部地区良渚文化墓葬的发掘 (1973—1986)》，引自《浙江省文物考古研究所学刊》，科学出版社 1993 年版。

夏鼐〔1910—1985〕〔左〕
苏秉琦〔1909—1997〕〔右〕

南龙山文化与山东龙山文化，且开始的时间要早一些。 随后于 1977
年 10 月在南京召开的"长江下游新石器时代文化学术讨论会"上，
一些有代表性的论著，从时间上、地域上和文化发展序列上，给这一
地区的新石器文化以充分的肯定。

　　苏秉琦先生在会上第一次提出了考古学文化区系类型的"块块设
想"，把长江下游分成了微山湖—洪泽湖以西的苏鲁豫皖四省相邻的
地区，以南京为中心的宁镇地区和太湖—钱塘江地区。区系类型理论
的建立标志着中国考古学的成熟。

（二）社会认知与文明起源的研究

第二阶段约为 20 世纪 80 年代至 2006 年。

1982 年和 1983 年，上海文管会在上海青浦福泉山遗址发现了随葬大量玉器的良渚文化大墓。而且在对墓地的解剖中认识到，这一突兀的土山，竟是专门为埋葬这些墓主人而由人工堆筑而成的"土筑金字塔"[①]。这一认识上的突破，为日后许多的发现提供了经验和启发。

1986 年是良渚遗址发现五十周年，江浙沪三省市在杭州召开一次纪念良渚遗址发现五十周年的学术研讨会。上海和江苏都陆续发现了良渚文化的大墓，而良渚文化的发现命名地——浙江的发掘工作却一直是空白。寻找良渚文化大墓，成为我们梦寐以求的事。我们最终将目标锁定在了反山。反山位于余杭长命乡沈家村，是一座东西长约 90 米、南北宽约 30 米，相对高约 4 米的大型土墩。反山的西端有条通往村里的路，从路边暴露的断面看，反山完全是一座人工堆筑的熟土墩，但堆土中找不到任何可以断定年代的遗物，只是听说"文化大革命"期间，在反山的南侧挖防空洞时，曾经出土过玉器。我们期盼

---

① 上海文管会：《福泉山——新石器时代遗址发掘报告》，文物出版社 2000 年版。

着能有好的收获，为纪念大会献上一份厚礼。1986 年的 5 月 8 日，发掘正式开始，我们选择了在反山西端 30 米进行发掘。

在发掘的道路上，我们是幸运的。反山耕土层下大约 1.5 米的地层中，先是发现了 11 座汉墓，从而证明这座土墩是在汉代以前堆筑成的，这为我们寻找良渚墓葬增强了信心。在 1.5 米之下的地面上，经过反复的铲刮平面，终于找到了一块南北长约 3.1 米，东西宽约 1.65 米的像墓葬形状的遗迹。从遗迹的形状尺寸及细碎的花斑土判断，这很可能就是我们要寻找的良渚墓葬。通向良渚神王之国的大门就这样被打开了，这就是著名的反山 12 号墓葬，它出土了良渚文化最精美的玉琮王和玉钺王，以及良渚文化完整的神徽图案。而我有幸成为这座墓葬的发掘者。在这 600 平方米的土地中，我们最终共发现了 11 座大型墓葬，而且这些大墓在排列位置、墓坑规格、随葬品的多寡与种类上，都反映出许多的差异和严格的规定，这是前所未有的发现与认识，为我们从一个墓地整体上考察良渚文化的社会分化与分工等提供了新的材料[①]。

通过反山的发掘，我们对良渚玉器的种类、组合与功能等的研

① 浙江省文物考古研究所：《反山》，文物出版社 2005 年版。

汇观山遗址总体平面图

究都有了许多新的认识，对良渚玉器从单一的认识，扩展到了对包括琮、璧、钺、三叉形器、冠状器、玉璜等的完备的玉礼器系统的探讨，从而开辟了良渚玉器研究的新阶段。

继反山发现之后，1987年又在余杭安溪瑶山遗址发掘出土了12座良渚文化的大墓。瑶山的发掘，不仅又一次获得了大量的精美玉器，而且揭露出了一座在平面上呈内外三重土色结构、边缘砌有石头护坡的覆斗形的祭坛遗迹，从而使研究者们开始关注良渚大墓与祭祀址，良渚玉器与祭祀的密切关系[1]。

1991 年，在西去反山仅 2 千米的余杭瓶窑汇观山上，又发掘出了一座与瑶山相类似的祭坛，发掘出土了 4 座良渚文化大墓。通过此次发掘，我们对这种良渚祭坛的形制有了更进一步的认识[2]。日后笔者通过多年的思考与现场观测，发现瑶山与汇观山祭坛应与观测太阳轨迹，确定历法有关[3]。

1987 年，因 104 国道的拓宽工程，我们发掘出了大观山果园所在高墩的东南角，开始认识到这片高大的土墩原来是人工堆筑的。为保护遗址 104 国道被迫改道。1992 年，因果园上面的印刷厂扩建，我们有机会对这一土墩的中心部位进行发掘。通过发掘我们进一步认识到，这一土墩中心原来是用一层砂一层泥夯筑的大型建筑基址。我们设想，这个面积 30 多万平方米、相对高度约 10 米的大型土台，应

---

① 浙江省文物考古研究所：《瑶山》，文物出版社 2003 年版。
② 浙江省文物考古研究所、余杭文管会：《浙江余杭汇观山良渚文化祭坛与墓地发掘简报》，《文物》1997 年第 7 期。
③ 刘斌：《良渚文化祭坛与观象测年》，引自《纪念良渚遗址发现 70 周年学术研讨会文集》，科学出版社 2006 年版。

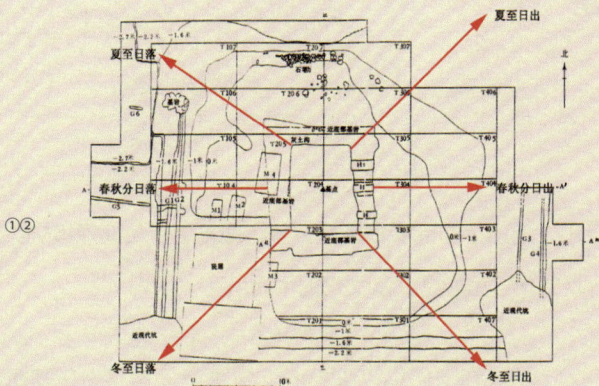

夏至日出

夏至日落

春秋分日落 A ——— 春秋分日出 A'

冬至日落

冬至日出

汇观山祭坛[1]

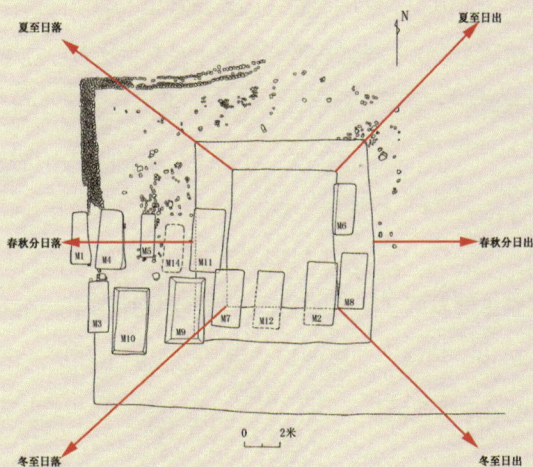

夏至日落 N 夏至日出

春秋分日落 ——— 春秋分日出

M4
M6 M13
M1 M11 M10 M9 M7 M12 M2 M8

0 2米

冬至日落 冬至日出

瑶山祭坛[2]

[1] 浙江省文物考古研究所、余杭文管会：《浙江余杭汇观山良渚文化祭坛与墓地发掘报告》，引自《浙江省文物考古研究所学刊》第三辑，长征出版社 1997 年版，第 76 页。

[2] 浙江省文物考古研究所：《瑶山》，文物出版社 2003 年版，第 6 页。

该是葬在反山、瑶山上的良渚贵族的大型宫殿基址。如此规模宏大的建筑遗址，反映出这里应是良渚文化的中心所在。

另外，20 世纪 80 年代末以来，浙江省主要发掘了以下遗址：余杭的钵衣山、梅园里、卢村、上口山、庙前、茅庵里、莫角山、塘山、横山、文家山、卞家山、后头山、横圩里；海宁的郎家岭、荷叶地、达泽庙、大坟墩、佘墩庙、金石墩；嘉兴的大坟、高墩；海盐的王坟、龙潭港、周家浜、仙坛庙；桐乡的普安桥、新地里、徐家浜、叭喇浜、姚家山；平湖的戴墓墩、庄桥坟；奉化的名山后及浦江的阔塘山背；等等。

江苏省主要发掘了新沂的花厅，吴江的梅埝龙南，常熟的罗墩，昆山的赵陵山、绰墩，江阴的高城墩，句容的丁沙地，无锡的邱承墩，兴化的蒋庄等遗址。

上海主要发掘了金山的亭林、松江的广富林、青浦的福泉山吴家场墓地等。

大量的发现使我们对良渚文化的物质文化以及社会发展状况有了较为全面的认识，对于良渚文化的空间分布也有了新的认识，从以往所认为的长江下游太湖流域，向北扩展到了苏北地区，向南扩展到了浙江中部的金华、衢州地区。对于良渚文化的后续发展及其在中华文明形成中的地位和作用，也有了更为全面客观的认识。

（三）良渚古城与 5000 年的王国

良渚古城遗址位于浙江省杭州市余杭区瓶窑镇，2006 年，由于余杭瓶窑葡萄畈遗址的发掘，发现了良渚时期的古河道以及类似河堤或城墙的遗迹（后来证明为西城墙）。以此为线索，我大胆推测和小心求证，经过 2007 年近 1 年的钻探调查与发掘，最终发现并确认了东西约 1700 米，南北约 1900 米，总面积约 300 万平方米的良渚古城遗址[①]。从 2008 年至今，我们进行了连续不断的考古工作，到目前为止对良渚古城的结构和内涵已有了初步的认识。由于良渚古城的发现，我们对以往发现的许多遗址，都有了整体的布局与功能上的认识[②]。

----

① 浙江省文物考古研究所《杭州市余杭区良渚古城遗址 2006—2007 年的发掘》，《考古》2008 年第 7 期；刘斌：《寻找消失的王国——良渚遗址的考古历程》，引自《庆祝张忠培先生八十岁论文集》，科学出版社 2014 年版。
② 刘斌、王宁远：《2006—2013 良渚古城的考古发掘与收获》，《东南文化》2014 年第 2 期；浙江省文物考古研究所：《美人地和扁担山的发掘与良渚古城外郭的探索》，《考古》2015 年第 1 期。

良渚古城西墙白原畈段（上）

良渚古城北城墙（下）

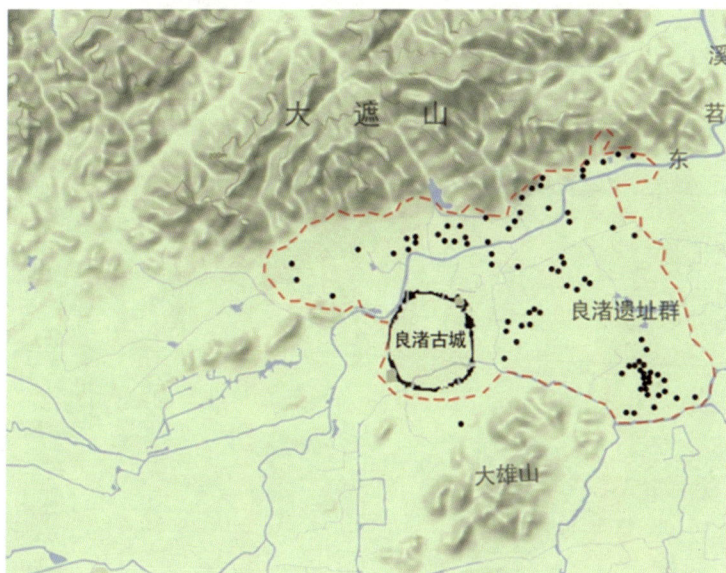

良渚遗址群

良渚遗址群（上）

良渚古城城址区数字高程模型（下）

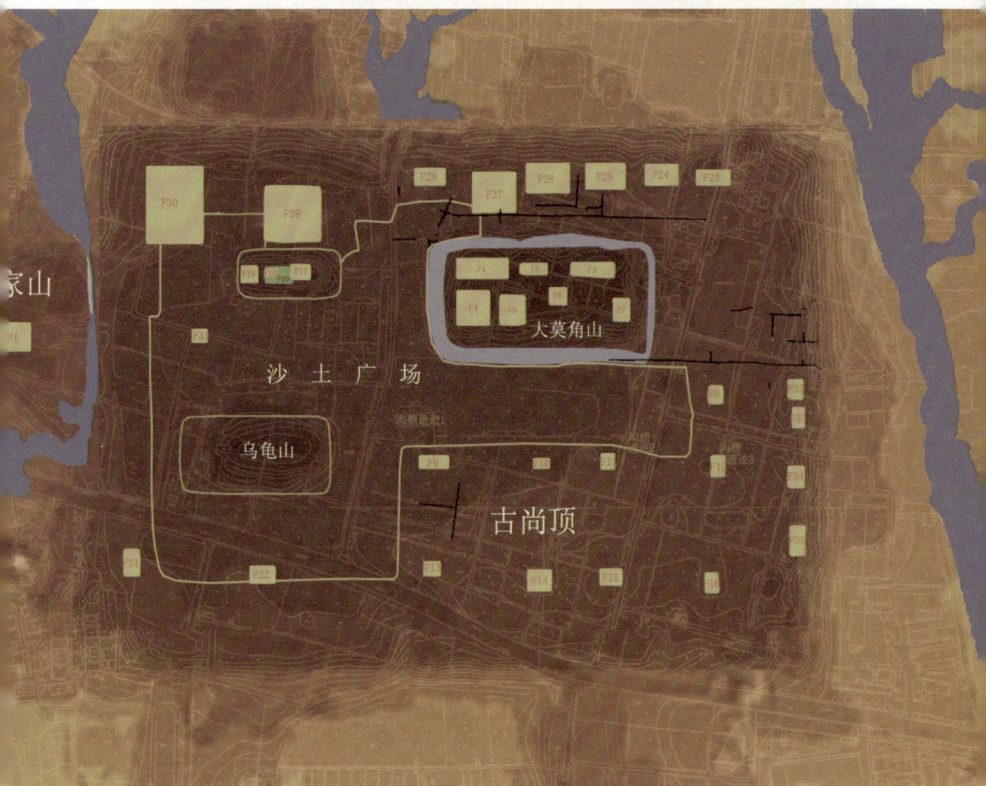

莫角山上遗迹分布图（上）

莫角山宫殿区复原图（下）

姜家山墓地总平面图

　　良渚古城南面为大雄山山脉，北面为大遮山山脉，西面有瓶窑的窑山与南山，向东为平原。城墙距离三面山地均约为 2 千米。良渚人选择在此筑城，显然有以山为环抱而城居中的规划考虑。在城墙位置的设计中，将凤山和雉山两座独立的小山分别设计为城墙的西南角和东北角，两山遥相呼应，可以俯瞰全城。城墙内外都有河道环绕，形成便利的水陆交通体系，每面城墙有 2 个水门，其中南面中心位置有一处陆门。城墙宽约 20 ～ 150 米，宽的部分如同凸出马面，延伸到

卞家山码头遗迹全貌（由西向东）（上）

美人地遗址木板 1 整体照（由南向北）（下）

水中，正好可以起到码头的作用。城墙高约 4 米，顶部发现有建筑遗迹，四面城河中也都发现大量的良渚晚期的生活堆积，因此起码在良渚晚期时，城墙也兼有居住的功能。城墙底部普遍铺垫石头地基，墙体用取自山上的黄色黏土堆筑而成。城墙总长约 6 千米，土石方量约 120 万立方米。

城内中心为人工堆筑的相对高度约 12 米的宫殿土台，呈规整的长方形，东西约 630 米，南北约 450 米，面积约 30 万平方米。在这一大型的土台上还有三个独立的高台，相对高度 3～4 米，应是主要的宫殿区。宫殿区土台的总土方量约为 228 万立方米。宫殿区的西侧为反山、姜家山等贵族墓地区。

通过解剖发掘证明，城外的美人地、里山、扁担山等遗址，主要为人工堆筑的居住地，应主要在良渚晚期时形成。扁担山—和尚地、里山—郑村、卞家山等长条形高地，环绕于城的北、东、南三面，应构成良渚古城的外郭城。良渚古城连同外郭城，总面积约 800 万平方米。这种由宫殿区、内城、外城构成的三重结构，与中国古代都邑的形制一脉相承。

位于古城外围自然山顶的汇观山与瑶山祭坛作为观象台，也应是良渚古城设计时的有机组成部分。

高坝系统航拍图（左）
低坝系统航拍图（右）

　　另外，从 2009 年以来，我们陆续在古城西北部发现了岗公岭、老虎岭、秋坞、鲤鱼山、梧桐弄等 10 条水坝，它们与原先发现的良渚古城北面的长约 5 千米的塘山水坝，共同组成了一个庞大的水利体系。从水利系统到古城区所涵盖的总面积可达到 100 多平方千米。水坝的碳-14 测年数据为距今 4700—5100 年 [1]。2015 年，我们对老虎岭、鲤鱼山等水坝进行了解剖发掘，在老虎岭水坝北坡发现了叠压坝体的良渚文化晚期的生活堆积，出土有鼎、实足鬶等陶片。几处水坝

------

[1]　浙江省文物考古研究所：《良渚古城外围水利系统的调查》，《考古》2015 年第 1 期。

黄 土

淤 泥

岗公岭水坝破坏的断面

的发掘也都进一步证明，水坝普遍采用草裹泥的堆筑方式，底部一般用青淤泥，上部一般用山上的黄色黏土。水坝、城郭与宫殿区总土石方量超过 1000 万立方米。

2016 年以来，我们对莫角山以东的良渚时期的古河道钟家港遗址进行了发掘，在河道的生活堆积中发现了玉器、石器、骨器、漆木器等的加工废料和坯料，证明良渚古城内当年除宫殿区外，主要是各种手工业作坊。

另外，在莫角山宫殿区的南面，还发现了当年的仓储区，粮仓失火烧毁的稻谷达 20 万千克。

良渚古城无论从其宏大的规模，还是城市体系的规划设计及土石方工程量等来看，都反映了其背后的社会发达程度。再加上高等级的墓葬与玉礼器所体现的宗教与权力，这一切都足以证明良渚文化已经进入了成熟的国家文明阶段。

除了良渚古城的一系列重要发现外，对良渚社会的基础研究，近年来也有许多重要发现。2009—2011 年，在杭州市余杭区临平街道的茅山南麓，发掘揭示出了一处典型的良渚文化中晚期的山前聚落遗址，山前的居住区和墓地面积近 3 万平方米，外围为稻田区。发现良

钟家港古河道发掘位置示意图（上）

钟家港南段西岸揭露的护岸遗迹（下）

友山
小莫角山　大莫角山
姜家山
乌龟山　莫角山
桑
树
头
毛坞垄
堤道
蓄水池
堤道
堤道
八亩山
碳化稻谷
池中寺
皇坟山
湿　地

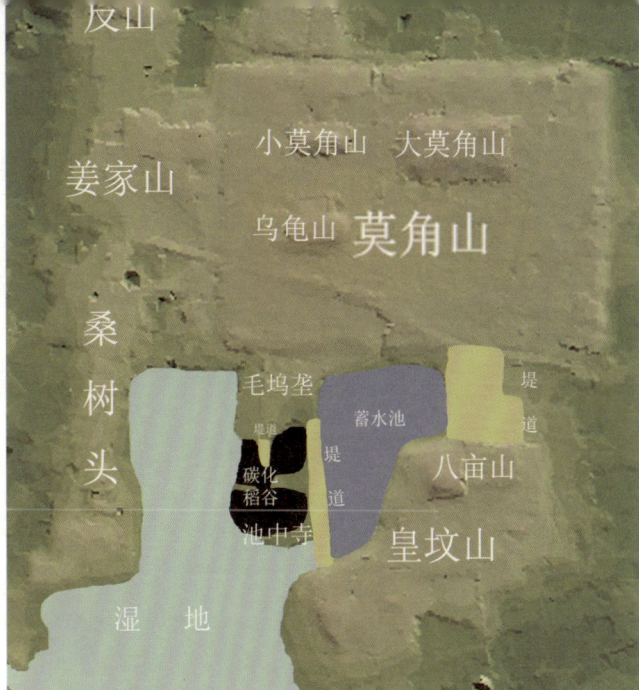

池中寺周边格局（上）
池中寺碳化稻谷堆积的解剖和采样（下）

钟家港 T2336 ⑦ A 层出土的燧石〔左〕
钟家港 T2336 ⑦ A 层出土的玉料〔中〕
钟家港 T2336 ④ A 出土的石钻芯〔右〕

渚文化稻田区面积达 55000 平方米，由灌溉水渠、田埂等组成，田埂将稻田区分为南北向的长条形田块，单个田块面积为 20 米 ×100 米左右，反映出良渚文化发达的稻作农业经济[①]。

2008—2011 年在杭州市余杭区临平街道的玉架山遗址，发现了由 6 个相邻的环壕组成的良渚文化的聚落遗址，总面积达 15 万平方米。至 2012 年已发掘总面积 19000 平方米，清理墓葬 397 座，建筑遗迹 10 处，出土各类文物 4000 多件，其中等级较高的墓葬有 20 余座。玉架山遗址是到目前为止发现的最为完整的一处环壕聚落遗址，

① 浙江省文物考古研究所：《浙江余杭茅山史前聚落遗址第二、三期发掘取得重要收获》，《中国文物报》2011 年 12 月 30 日；郑云飞、陈旭高、丁品：《浙江余杭茅山遗址古稻田耕作遗迹研究》，《第四纪研究》2014 年第 34 卷第 1 期。

为研究良渚社会的基本单元提供了非常重要的资料[1]。

　　从 1936 年良渚遗址发现开始，经过 80 多年来几代考古人的不懈努力，回望五千年，我们已可以清楚地看见那片文明的圣火了。

① 楼航、刘斌、丁品等：《中国文物报》2012 年 2 月 24 日第 4 版。

茅山遗址良渚文化晚期稻田中的田埂（左）

茅山遗址良渚文化晚期稻田及相关遗迹（右）

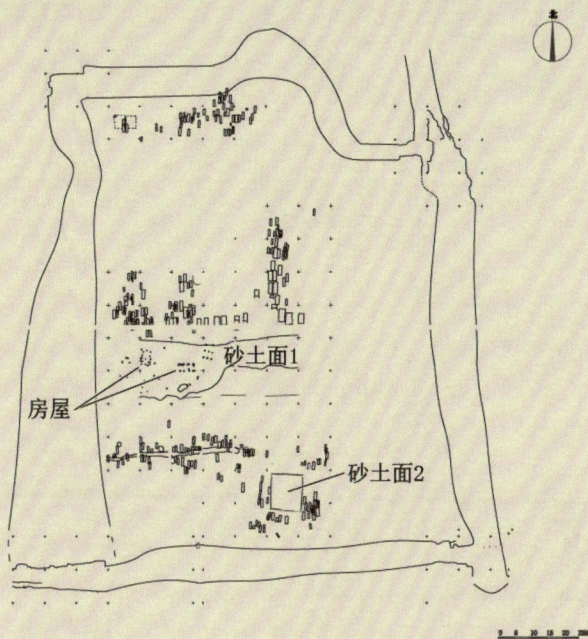

砂土面1

房屋

砂土面2

环壕遗迹平面图

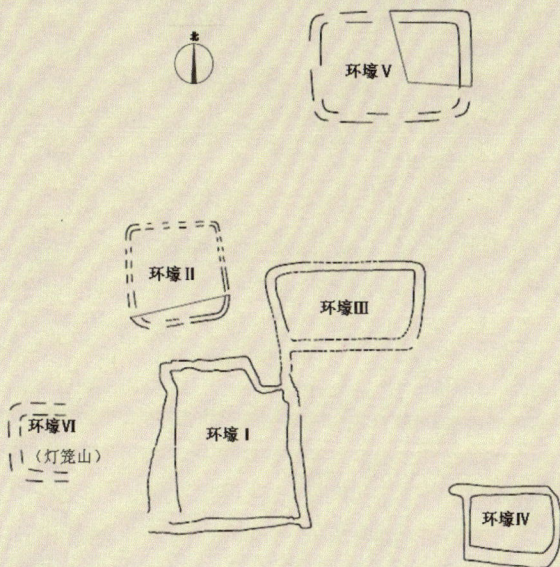

环壕 V

环壕 II

环壕 III

环壕 VI
（灯笼山）

环壕 I

环壕 IV

玉架山各环壕相对位置示意图

Ritual Tools and King Power :
Jade of Liangzhu

法器与王权：良渚文化玉器

第二章　宗教与艺术

反山 M12∶98 玉琮上的完整神徽

一　神徽的发现与解读

对于正确解读良渚玉器，了解墓主人的真实身份，1986 年反山的发掘起了开创性的作用。在反山发掘之前，刻在玉琮等器物上的神徽图案，一直被认为是一种类似于饕餮的兽面纹，反山 12 号墓出土的玉琮王竖槽中的神徽和玉钺王上所刻的完整神徽图案，使我们第一次了解到，原来被认为是兽面的纹饰，其实是一个半人半兽的神灵的形象。它头戴羽冠，双手扶住两只大大的兽眼，扁宽的嘴巴里，有长长的獠牙伸出嘴外，下肢是两只弯曲的鸟爪。

说起对这一图案的初识，还是在反山发掘之后冲洗照片时才发现的。由于浮雕的羽冠和兽面周围阴刻的神人的手臂以及下肢极为纤细隐约，小得如同微雕，所以在野外发掘时，我们并没有看清它的真实面貌，只当是像云雷纹一样的底纹。野外工作结束后，反山的玉器等文物被运到吴家埠工作站进行暂时的整理。有一天摄影师强超美在观察刚刚冲出的照片时，兴奋地发现了刻在浮雕图案周围的手臂纹饰，她惊奇地叫了起来，说："你们快来看呐，兽面的两边原来是两只手！"我们都赶紧放下手中的活，跑到门口去看照片，很快都看清了，那确实是两只手，大拇指向上翘起，是那样清晰，仿佛正扶住那像面具一样的两只大眼睛。看完照片，大家赶紧再去看玉器，在侧光下我们终于看清了刻在玉琮王竖槽中的神徽的真面目。那天大家的兴奋程度不亚于发现玉器时的兴奋程度。考古是一项"前不见古人"的工作，我们常常只是睹物思人，即使面对一堆白骨，也完全无法想象他们生前的面貌。这半人半神半兽的图案，就像一张斑驳的老照片，使我们对5000年前的良渚人，仿佛有了依稀的认识。

现在对于这一完整图案的解释，大部分学者都认为这是一个人骑在兽身上的形象。我认为从雕刻层次上看，神人的羽冠与兽面都为浮雕，而身体部分却用阴刻；从尺寸上看，羽冠与兽面比例相配，在设计上成一整体，因此很难有神人和兽面的区分；从其发展演变看，晚期均为简化形象，更无人兽之分。因此，该图案所表现的应该是一个整体的神的形象，并没有人兽之分，其完整图案的浮雕部分，只是将神的面部特化的一种表现方式。总之，无论怎样解释，该图案作为良渚人的崇拜神这一点，已成为大家的共识。至于这一神徽形象设计的来源，我认为这一定包含了良渚人的一个创世纪的神话传说。就像我们史书中关于伏羲女娲造人的传说，又或许像"天命玄鸟，降而生商"的传说。我想这个神话传说应该包含了一个良渚人的英雄祖先开天辟地的故事。当这位祖先去世以后，他们认为他乘着神鸟飞去，化为一只保护他们民族的鸟神。

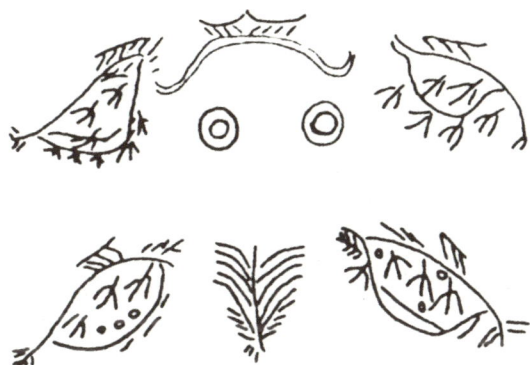

河姆渡遗址 T29(4)：46 陶盆及其上面的神徽图案

这一神灵的雏形早在河姆渡时代的陶器上就有所表现。我们不难看出这两种图形在表现神的帽子与眼睛方面的一致性。从巫术到宗教，从多元的图腾到统一的神灵，这期间的许多演变过程我们已无从考据。但从河姆渡到良渚，对这一神灵形象的刻画从朦胧抽象到具体翔实，从偶见到普遍统一，或许正是这种造神过程的反映。在许多民族材料与文献中，对于神灵的形象，一般也都描绘成半人半兽的样子。这也从另一个角度说明了，良渚文化的半人半兽的形象，已经是一种较成熟的神灵的图案。

对于这一神灵形象的雕琢，主要采用了浮雕、透雕与阴刻等几种不同的表现手法，并往往将几种手法同用于一件玉器上，以表现这一神灵的不同层次、不同角度的变幻形式。我们今天来看这一神灵，似乎仍能够感到它的高深莫测与变化多端。归结这些图案的形式，大致有如下几类。

（1）第一类以浮雕表现神的弓形羽冠和特化的眼鼻口俱全的面部，再在浮雕的轮廓上，以阴线表现出冠上的羽状纹及眼球、鼻孔和牙齿等细部，并以极细的阴线在浮雕的羽冠下缘刻出另一张如人脸的面孔，在浮雕的面部周围刻出与这一面孔相配的四肢（见反山 M17：8 玉冠状饰及反山 M22：8 玉璜神人兽面图纹饰细部）。这一全形的图

反山 M17：8 玉冠状饰（左）
反山 M22：8 玉璜神人兽面图纹饰细部（右）

案，似乎是隐现在浮雕头像背后的神的灵魂。而无论从比例上还是雕刻层次上，都表现出全形的人神与兽脸对这一弓形羽冠的共用。所以我认为，浮雕部分应是隐现的神灵的头部的特化表现形式，而并非某种特定的动物[1]，神所展示给大众的，只是这威严和恐怖的面孔。而只有借助侧光和放大镜才能够看清的隐现的全身，显然不是让所有人都可以看到的形象。与这类图案接近的还有些省略了阴刻的人神的部分上肢或下肢的略为简省的图案。

① 浙江省文物考古研究所：《浙江余杭反山良渚墓地发掘简报》，《文物》1988 年第 1 期；张光直：《濮阳三骄与中国古代美术上的人兽母题》，《文物》1988 年第 11 期。

反山 M15：7 玉冠状器（上左）

反山 M16：4 玉冠状器（上右）

反山 M12：78 半圆形玉饰（下左）

瑶山 M4：34 玉璜（下右）

（2）第二类以器物形态表现羽冠，主要以镂孔透雕的方式表现特化的神灵面部，再在其上部或两边以阴线刻出如第一类隐现的神灵的形象（见反山 M15：7 玉冠状器及反山 M16：4 玉冠状器）。将人神形象刻在上部的，其整体构图，实际与第一类图案相同，只是将特化的面部以透雕手法表现罢了；而将人神形象刻在两侧的，则是一种新的表现形式。这种组合方式还施刻在三叉形器上。另外在一些以浮雕和阴刻表现特化神灵面部的冠状器上，则往往还刻出隐现的神灵的下肢。

（3）第三类是将羽冠重合到神的特化的面部后面，只在眼睛的上部显露羽冠的顶部，或在上面刻出羽状的装饰以象征羽冠（见反山 M12：78 半圆形玉饰及瑶山 M4：34 玉璜）。这类图案，或是受了第二类图案的启发，显然是将第二类的器形与雕刻相融合后的一种表现形式。

（4）第四类主要表现在玉琮上。前面三类均是在同一平面或弧面上的表现方式，而随着琮的四角的完成，继而形成了以鼻线为中轴，将一个图案分展到两个面上的表现方式。这种表现方式除琮之外，还被用到锥形饰等一些其他玉器上（见反山 M20：67 玉锥形器）。在表现形式上，一般将神徽的帽子部分与兽面部分分节表现。

反山 M20：67 玉锥形器（左）
反山 M20：67 玉锥形器局部（右）

　　从良渚玉器纹样的总体发展趋势看，早期一般较繁复、具体、形态多样，雕刻图案与器物形态的造形变化并重，晚期则渐趋简化、抽象。早期主要以图案所表达的神灵的意义，逐渐被晚期日趋成熟规范、定型化的玉礼器形态的寓意所替代。

反山 M14 : 259 玉鸟

二　良渚文化的神与鸟

以玉器随葬的良渚文化的大型墓葬自 20 世纪 70 年代发现以来，
已经有大量的玉器出土。这些玉器及其上面的纹饰，使我们对良渚人
的精神世界有所了解。我们看到，对那种半人半兽的神徽的崇拜，渗
透于良渚人生活的方方面面。相应产生的礼器系统，更为研究中华文
明的产生提供了一种模式。

反山 M12：98 玉琮及上面的鸟纹

关于这一神徽自身的解释，曾有猪、鸟、兽等种种取象之说[1]。我们知道，神灵应是一种虚体的信仰。神灵形象的产生是经过了长时间的提炼和综合的结果。在《山海经》中，关于神的形象有"人面兽身""人面虎身""人面蛇身""人面鸟身"等种种变幻不定的说法。

....

[1] 张光直：《濮阳三蹻与中国古代美术上的人兽母题》，《文物》1988年第11期。张明华：《良渚玉符试探》，《文物》1990年第12期；袁靖：《试论良渚文化玉器纹饰的含义》，《文博》1990年第1期。

反山 M20-124 展开图

从这些说法中我们可以看到，在人类的心目中，神的形象既与人有关，又不能等同于人。良渚文化的完整的神徽形象，也正是这种造神方式的一种反映。上部是头戴羽冠的人的形象，中间是圆眼獠牙的猛兽的面目，下部是飞禽的利爪。这显然是一个复合体，但也是一个整体。无论在雕刻层次上还是比例上，兽面与人神的羽冠都是共用的。我们很难把这一图案分开，区分出哪一部分是神，而哪一部分不是神。

在多数情况下，人们看到的只是这神的特化的面部。当虚体的神灵与人类发生关系时，必然要借助于媒体来显现，某些动物和巫师便充当了这种媒体，这也是巫术产生的根源。在良渚文化中，与这种神徽所代表的神灵崇拜关系最为密切的，可以说是那些扮演神灵的巫师了。除此之外，某些特定的鸟也应是这一神灵信仰中的媒体。从鸟纹与圆雕的玉鸟可以看出，这种鸟在良渚文化的巫术中也有着重要的作用。

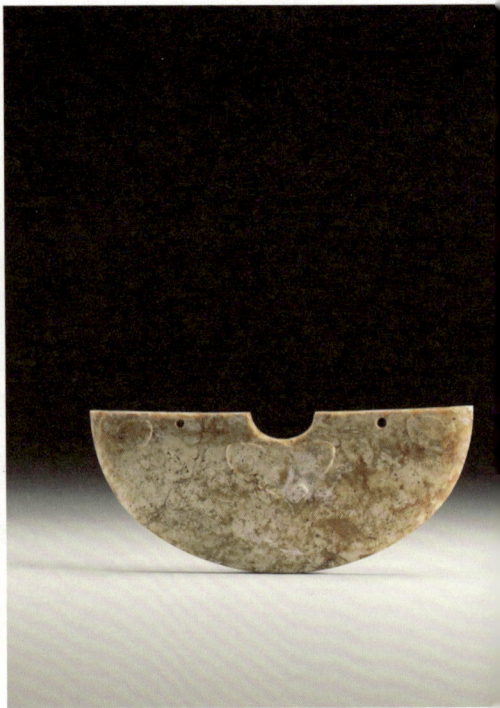

反山 M12：100 玉钺（上左）

反山 M12-100-1 玉钺上的鸟纹（下左）

反山 M23：67 玉璜（右）

反山 M23：67 玉璜拓片

反山 M12：100 玉钺及拓片

（一）刻画于神徽左右的鸟纹图案

鸟是与人类密切相关的一种动物，鸟上天下地的飞翔特性，令人类向往。尤其是候鸟的定时定点飞来的生态现象，更增添了鸟的神秘感。在许多民族的文化中，都有关于鸟的神话和表现。《诗经》中"天命玄鸟，降而生商"这句话就是大家所熟知的有关商族诞生的鸟神话记载。在良渚文化玉器的主题纹样中，与神徽配合施刻的鸟纹，是鸟纹形象较为多见的一种形式，主要见于玉琮、冠状饰、玉璜及三叉形器等玉器上。其施刻方式一般是将鸟纹刻于神徽的左右两侧，一个神徽与两个鸟纹相对应。出土于反山 M12 玉钺上的鸟纹，将单个的鸟纹刻于神徽的下方，是这种鸟纹唯一的独特表现方式，但也更显示出神灵高高从天而降，来自飞鸟之上的感觉。神徽与鸟纹的对应组合，反映出良渚神与鸟的密切关系。在《山海经》中有"东方句芒……乘两龙"，"南方祝融……乘两龙"等记载。殷墟卜辞中也有"帝史凤"（《卜辞通纂》398 片）、"帝其令凤"（《殷墟小屯——文字丙编》117 条）等句子。这些应都是对这种神灵来去，驱使动物的形象写照。而与神徽相配的鸟纹，想必正是良渚之神所乘的神鸟吧。

另外从这种鸟纹的自身形态看，虽然每一组鸟纹各有差别，但它们都有一个共同的特点，那就是鸟身部分都是以特化的神眼，即所谓

河姆渡骨雕上的双鸟神眼纹 T21④：18

河姆渡出土象牙雕上的
双鸟神眼纹 T226③：79

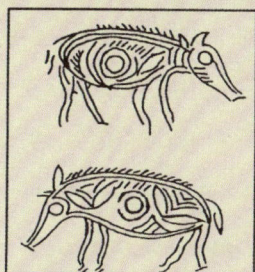

河姆渡陶缽上刻画的
猪纹与神眼 T243④：71

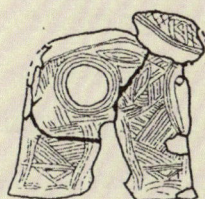

河姆渡陶兽身上的神眼 T234④

河姆渡遗址 T243 ④上的猪纹与神眼

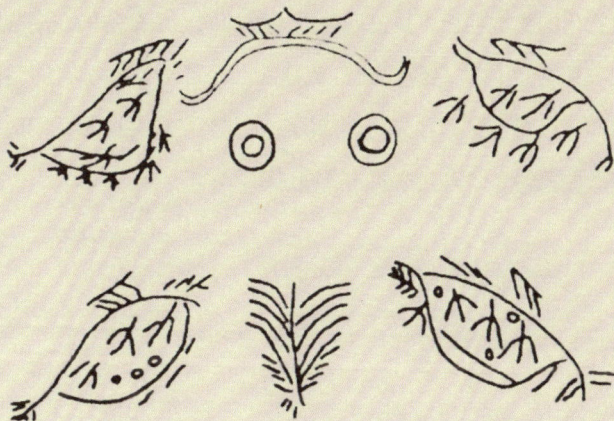

河姆渡遗址 T29 ④：46 陶盆上的神徽组合图案

兽面的眼睛来表示。这更直接反映了鸟是神的载体，是神的化身的内涵。这种以动物的身体显现神的眼睛来表示神灵所在的方式，在早期的神灵崇拜中，还见于河姆渡等文化中[①]。在河姆渡文化中，被称作"双鸟朝阳"或"双鸟孵卵"的图案，我认为与良渚文化的这种鸟纹应具有相同的内涵。鸟身所承载的并不是太阳或鸟卵，而应是神灵的眼睛，只不过是以双向的鸟首来表现罢了。另外从神眼上方所刻画的弓形的图形看，与河姆渡出土的只有弓形帽和双眼的简单的神像弓形帽子十分一致。这也更说明了圆圈应是神眼的象征。而同样的圆圈神眼，也刻画在猪纹及陶兽等的身上。这似乎反映了早期神灵崇拜的不规范现象。从河姆渡文化出土的只有弓形帽和双眼的不完整的神像，到良渚文化的头戴羽冠、具备四肢的完整神徽，从背向的双鸟共同载负一只神眼的联体式鸟纹，到各负神眼，分置于神徽左右的鸟的形象，我们可以看出这两种文化之间的深刻渊源和内在联系。同时这也反映了从抽象到具体再到抽象的造神过程。

---

① 浙江省文物考古研究所：《河姆渡——新石器时代遗址考古发掘报告》，文物出版社 2003 年版。

反山 M14：259 玉鸟（上左）
反山 M15：5 玉鸟（上右）
反山 M16：2 玉鸟（下左）
反山 M17：60 玉鸟（下右）

（二）圆雕玉鸟

　　飞翔状的圆雕玉鸟，目前主要见于反山、瑶山两地，共出土了5件。其形态颇似展翅飞翔的燕子。在鸟的腹部均钻有牛鼻状隧孔。出土时一般位于墓主人下肢部位，推测应是缝缀于巫师衣袍下部的一种功能性的装饰。前文分析了鸟是良渚之神的驭驶工具，那么巫师作为神的扮演者，将鸟缝缀于衣袍的下部，在跳神中充当驾鸟飞降的神灵，该寓意是十分明显的。同时，这对于我们理解和推测良渚巫术的招神仪式，也是一种启示。重新审视良渚文化的完整神徽，其头戴羽冠，上肢曲肘平举，下肢屈蹲作鸟爪的形象，虽可做复合的神灵形态

瑶山 M2：1 冠状器

解释，但这一形象也可能是化装鸟舞的巫师形象的一种转化。从民族学材料中我们可以看到，巫师的鸟饰与巫术中的鸟舞是较为常见的。因为在人类的观念和想象中，神祇们总是居住在九天寰宇之中，地上的人类是没有能力登遍的。唯独鸟类，有奇妙的双翼，有无与伦比的凌空本性。所以在萨满教的意识中，鸟便被赋予了超凡的神秘性，认为它们是上天的信使、神的化身或某种精灵，可以无拘无束地随意升降于天与地、人与神之间。因此，鸟神，在萨满神谕中被尊奉为多重神性的神祇。《萨满教与神话》一书记载，"在早期的萨满教野神祭祀的跳神仪式中，萨满迎请鸟神降临，模拟鸟类飞腾的多种体态，气氛最为活跃、火暴、虔诚、感人"。在各民族萨满服饰上，鸟饰是最为普遍的神物。满族等民族神帽上便有数只奋飞的鸟饰。据记载，"乌德赫人在萨满袍后面，肩部和袖子上缝着四绺鹰

080

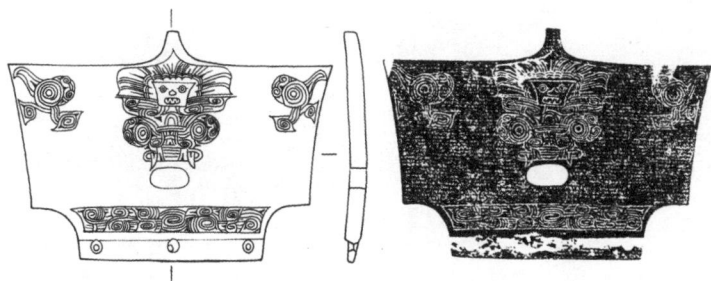

瑶山 M2 : 1 玉梳背线图、拓片

羽，奥罗奇人也有这种在肩胛骨处带羽毛的萨满服"。[1] 在良渚文化完整神徽的上肢肩肘处和下肢上，我们可以看到有超出肢体轮廓的羽翅状纹饰单元。我认为这种纹饰单元即很可能是一种羽毛装饰。这样的纹饰单元还被用在瑶山 M2 所出土的冠状饰上的鸟纹的腿爪上，可见其象征飞翔的寓意十分明显。而另外一些半完整的神徽，往往省略了上肢的肘部以下部分，仔细观察这些图案，我们并没有明显感受到不完整，而恰好相反，它们更像是两只展开的翅膀。我们与其把这类图案认作是不完整的形态，倒不如说它们可能是取象于鸟羽装饰形象，是一种更形象的飞翔鸟舞。

① 富育光：《萨满教与神话》，辽宁大学出版社 1990 年版。

百亩山刻符玉璧刻符细部

1. 佛利尔一号玉璧　2. 佛利尔二号玉璧　3. 佛利尔三号玉璧　4. 北京首都博物馆玉琮

5. 吉斯拉玉琮　6. 台北故宫玉璧　7. 安溪玉璧　8. 台北故宫玉琮

祭台、鸟杆神巫

（三）祭台与鸟杆

　　良渚文化的先民，在崇拜神灵和表现神灵的过程中，创造了玉琮、玉璧、玉钺、冠状饰、三叉形器等礼器系统。随着社会的进步与演化，人类自身越来越显示出巨大的力量。人们似乎从内心中越来越脱离了对神灵的依赖。随着社会组织的日益庞大、复杂与完备，政权在社会组织中的作用显得越来越重要。而招神与早期相比，则逐渐走向了形式化。对神灵的崇拜和祭祀，从政权的内容而渐转为政权的手段。早期对神像的大量的精雕细琢，已为晚期的固定化礼器形式所替代。神徽的完整形态与配合鸟纹的神徽，以及圆雕玉鸟和三叉形器等，形象地反映出祭祀内容的雕刻均只盛行于良渚文化中期以前。在良渚文化晚期，似乎只有玉琮保留了神像。而且在有的玉琮上，甚至

杭州市余杭区百亩山刻符玉璧

连神的眼睛也被忽略了。可见形象化的神离人们的生活越来越远了，
人们似乎已不再知道神的完全的形象以及法器与仪式的全部意义了。

在对神徽的表现走向衰落的同时，在良渚文化晚期的琮、璧等玉
器上，开始出现一种刻画得十分隐秘的图案符号。这种图案由台形、
杆状物和玉鸟等组合而成，近年来引起学者们的重视。类似图案目前
已见有六七处之多。

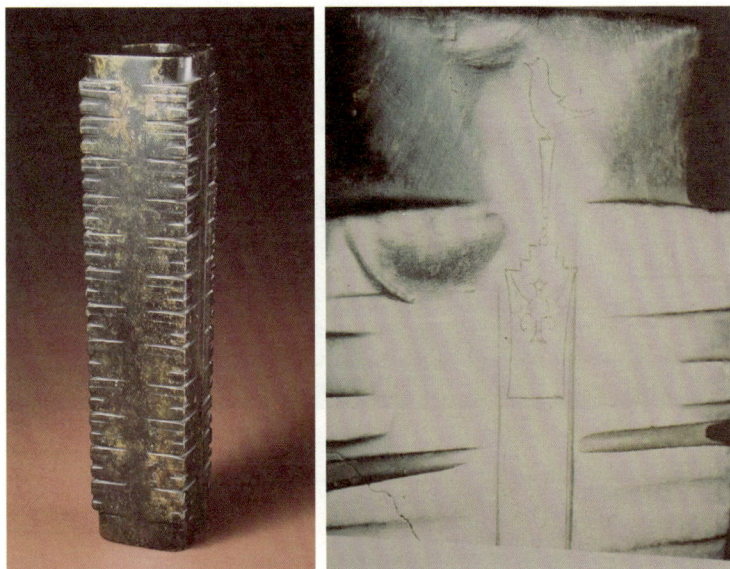

首都博物馆藏刻符玉琮及其细部

　　对这种图案所表现的内容，学者们多有立说[1]。随着近年来对良渚文化祭台的发现和认识，以及对祭祀内涵方面研究的深入，我越来越相信这种以台形为主的神秘符号，应是作为对祭祀仪式和场景的一种

---

[1]　刘斌：《大汶口文化陶缸上的符号及与良渚文化的关系》，《青果集——吉林大学考古专业成立二十年论文集》，知识出版社 1993 年版；邓淑苹：《良渚玉器上的神秘符号》，《故宫文物月刊》（台北）第 117 期。

好川出土的台形玉片（左）
山东莒县陵阳河遗址出土的台形玉片（中）
浙江温州老鼠山遗址出土的台形玉片（右）

表现和象征而在某些时候被记录下来的。由于鸟与神灵之间的关系，在祭台之上树立鸟杆用来招神与象征，是容易理解的现象。在这种鸟杆上可以直接雕刻出鸟的形象，或者只是树立一只可以等待和招引神鸟降临的特殊的杆子。这两种情况或许都是存在的。但从图案分析，鸟杆部分可以和鸟分离，作为独立的单元使用，这说明后者的可能性更多一些。与鸟杆相比，阶梯状的台形图案是更重要的象征。固定不变的形式，应代表了某种最重要的祭台。而且除了这些图案外，1997年于浙江遂昌好川，在相当于良渚文化晚期的墓葬中，发现了数组以这样的台形玉片作为镶嵌的嵌玉组合。[①] 这更说明这一图案的影响和意义是深远的。

　　祭台既然长期以来作为祭神与神的降临之所，那么也就自然成为神灵所在的象征。把象征祭台的符号隐秘地刻在祭祀的玉器上，那么即使祭祀不在类似的祭台上举行，也可以表示神灵在此，这样也就更容易达到通神的目的了。

　　在一方面对神灵淡化的同时，而另一方面则在祭祀中表现出对人事成分的加入。在多数的台形图案内部，都有一个似人似鸟的图形。关于这一图形的解释，学者们也有些不同的看法。我认为这一图形，应该是跳神的巫师的形象。从目前所见的五个这类图形看，虽然各有不同，但它们各部位的组成，却是基本一致的。中心是扁圆的腹部；上部应是戴冠的人头，顶部高出的尖状，显示出它与弓形神冠的一致与渊源；左右分开的广袖，如同舒展的鸟翅，与所谓的半完整神像相比，仍可见几分相似；下部是分叉的如燕尾状的长袍，这种长袍的形态与湖南出土的战国时期的帛画中的人物十分神似。正像《说文解字》释"巫"所说的那样，"女能事无形，以舞降神者，像人两褒舞形"。

----

① 浙江省文物考古研究所：《好川墓地》，文物出版社 2002 年版。

帛画人物龙凤图

这种图像所展示给我们的，不正是舒展广袖，翩翩起舞的神巫的姿态吗？

玉器作为祭神之物，从早期的极尽对神灵的刻画，到晚期的转而对祭祀场景与巫师的表现，反映出一种观念的转变与社会的变革。这似乎是人类社会从自然之治、神灵之治，转为人为之治的一种象征。巫师与首领取代了神的地位，而逐渐成为社会的主宰。

三 良渚文化的龙纹

良渚文化是中国史前时期用玉文化的重要一支。良渚玉器在数量、种类和加工技术上，均居同时期诸文化之首。良渚玉器的内涵与随葬情况直接反映了良渚人的等级与精神世界，因此玉器成为我们考察良渚文化的社会形态、生产力水平及宗教崇拜等方面的重要资料。

良渚玉器是一种以纹饰图案为主要内涵和特征的玉器文化。综合良渚文化玉器的种类与功用，除少数为一般装饰品或礼仪用具之外，大多数玉器都是和祭祀崇拜有关的法器，以及与性别职能有关的象征身份的功能性佩戴用品。

玉器上的纹样，半人半兽的复合型神徽及其变异形态，遍布良渚文化的分布范围，贯穿良渚文化发展的始终，几乎是绝大多数玉器图案的母题。甚至许多法器的形态构成，都和表现这一神徽的目的有着密不可分的关系。比如玉琮、玉冠状饰等，其形态的来源和发展，即和表现神徽有着直接的关系。在良渚文化的前段，施纹情况极为普遍，往往运用将造型与图案结合的重复表现手法，至其后段人们熟知了玉器的形态所寓含的纹饰内涵之后，而渐将纹饰图案省简或取消。

除神人兽面图案之外，常见的纹饰还有鸟纹。但鸟纹一般只见于神徽的从属位置，位于神徽的左右或下方。鸟纹显然是神徽这一主题纹样的有机组成部分，但并不构成独立层次的崇拜意义。

1986年浙江余杭反山遗址的发掘，又确立了一种新的主题纹样，形态极似中国传统的龙纹。这种龙纹图案，具有固定的形态特征和表现方式，与常见的神人兽面图案有较大的差异。因其仅有头部形态，所以我们将它命名为"龙首纹"。[①]

我们知道，神人兽面图案，一般是以面部的中心为轴线，将图案分展于两个平面上；或者在一个平面或弧面上，完成一个完整的图案。而典型的龙首纹，则一般以三个面组成一个图案。首先以浮雕的方式，使整个龙首形突出于器表，再以阴线刻其细部。眼鼻一般作浮雕突起，两眼和鼻孔一般处于两个面的交界位置，眼睛一般在圆形的乳钉状凸起上再刻以圆圈表示。吻部平直地凸起，两端为略鼓起的圆形鼻孔，在凸起的吻部的中间，一般刻有U形唇线，两端与鼻孔相连。鼻孔与眼睛一般同宽。在吻凸的下方，往往刻一排整齐的牙齿，无獠牙，因而有别于兽面纹。眼睛的上方，浮雕出两只上竖的耳朵，

①　浙江省文物考古研究所：《反山》，文物出版社2005年版。

有的在耳前还刻有角状纹饰。眼睛与吻部之间的距离较大，正面一般饰以单线或重线的菱形纹，少数饰垂弧纹。而在两个侧面，一般以阴线刻画出长长的嘴列和耳朵的侧面轮廓。

将龙首纹与神人兽面纹对照可以看出，两者具有明显的种属差异。前者具有上竖于头顶的耳朵和角，而后者没有。龙首纹是一种具有长而宽的腭骨，吻部突出，口鼻相连的动物，其嘴可延至眼睛的侧面；而兽面纹则是平脸短腭，有蒜形鼻子和独立的扁圆的嘴巴。龙首纹有着整齐的牙齿，不见獠牙，是食草动物的特征；而兽面纹则具有食肉动物的长长的獠牙。两种图案种属的不同，反映出在崇拜渊源上的差异。

继反山发掘之后，又陆续在浙江余杭瑶山、浙江海宁达泽庙、浙江余杭梅园里、浙江桐乡普安桥、浙江海盐仙坛庙、浙江余杭后头山以及江苏常熟罗墩等地[①]，发现了一些饰有龙首纹的玉器。主要器类有：圆牌形玉饰、玉璜、玉镯、玉管以及圆雕或半圆雕的龙首，从而为我们探讨龙首纹的特点，以及在祭祀崇拜方面的内涵等，提供了资

....

① 浙江省文物考古研究所：《瑶山》，文物出版社 2003 年版；《中国出土玉器全集》第七、八卷，科学出版社 2005 年版。

料，同时也使许多传世品得以重新勘定 [①]。以下就已知的发掘品与传世品资料，分别进行归类叙述。

(一) 龙首纹圆牌形玉饰

龙首纹圆牌形玉饰，目前所见有 9 件，其中反山 M22 出土 6 件，瑶山 M2 和 M11 各出土 1 件，江苏常熟罗墩 M7 出土 1 件。所有玉饰均为小圆璧形，大小一般在 5 厘米左右，中间有一个大孔，以边缘的圆周面为正面，一般施刻 2 ～ 3 个龙首纹图案。龙首纹一般呈相对或首尾相接的顺向排列。

反山 M22 所出土的 6 件龙首纹玉牌，出土时呈南北向依次排列于墓主人胸腹部位，大小基本一致，在近边缘处，均有一个可以系挂的小孔，在与小孔相对的另一边，以边缘的圆周面为正面，施刻两个龙首纹图案，除 M22：26 ① 为顺向排列外，其余 5 件的两个龙首纹均作相对排列，而且在图案特征上，M22：26 ① 也与其余 5 件有别。

[①] 邓淑苹：《由勒子与尤环谈——古玉鉴定的新挑战》，《故宫文物月刊》（台北）第 71 期；嵇若昕：《故宫古玉辑珍》（八），《故宫文物月刊》（台北）第 117 期。

瑶山 M11：59 龙首纹小玉环

　　M22：26 ①，饰有两个顺向的龙首纹，龙首两耳上竖，眼鼻突出，两眼之间以两条平行线相连，其下饰两道垂弧线，在两个侧面以阴线刻出如新月形的状饰。外直径 5.2～5.4 厘米，最厚处 0.78 厘米，孔内径 1.55 厘米。

　　M22：26 ②，饰有两个相对的龙首纹，纹饰与其余 4 件基本相同，龙首纹正面眼鼻之间饰菱形纹。在两个侧面以阴线刻出嘴列和耳朵的轮廓。外直径 5.15～5.25 厘米，最厚 0.48 厘米，孔内径 1.68 厘米。

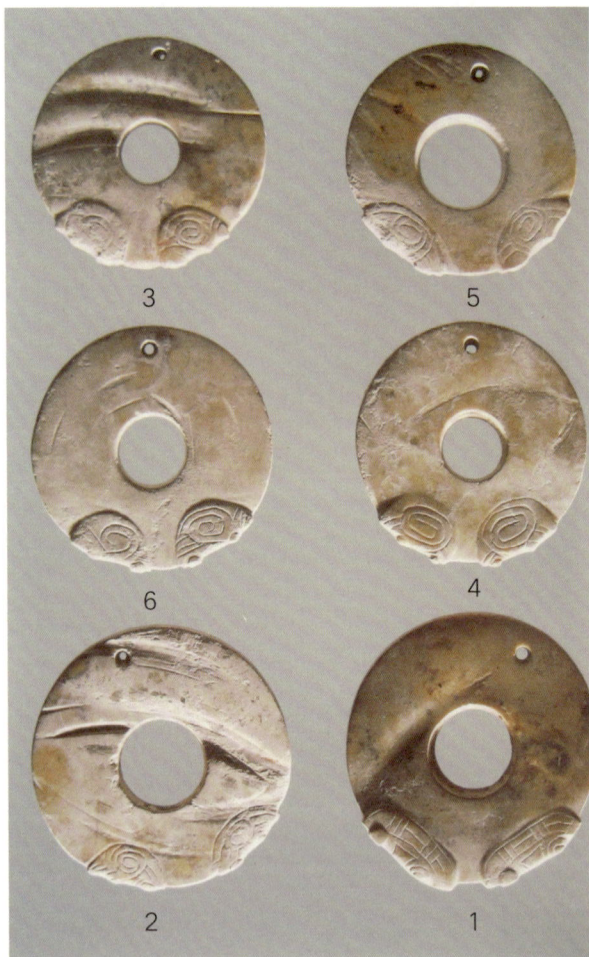

反山 M22 出土的龙首纹圆牌形玉饰

瑶山 M2：17 玉圆牌（左）
瑶山 M11：59 玉圆牌（右）

　　瑶山 M2：17，直径 4.1 厘米，孔径 1.3 厘米，厚 1 ～ 1.5 厘米。圆璧形，边缘无系挂用的小孔，以圆周面为正面，等距离琢有 3 个顺向排列的龙首纹，在 3 个龙首纹之间的空白处，各刻一个双线菱形纹状饰。龙首纹图案的正面，在眼鼻之间饰以单线菱形纹，在两个侧面刻出如鸟首状的状饰。

　　瑶山 M11：59，直径 4.8 厘米，孔径 1.4 厘米，厚 0.6 厘米。圆璧形，边缘无系挂用的小孔，以圆周面为正面，在外缘的一侧琢有 3 个顺向排列的龙首纹。龙首纹图案的正面，在眼鼻之间饰以双线菱形纹，在两个侧面刻出如胡须和角状的状饰。

　　除刻有龙首纹的圆牌形玉饰外，在反山与瑶山还发现了类似的素面玉牌。大小和形制与龙首纹玉牌相似，出土时也是依次排列于墓主人的胸腹部位。这种玉牌反山 M23 出土了 7 件，瑶山共出土了 29 件，成组排列的有 M1 出土的 6 件，M4 出土的 8 件，M11 与龙首纹玉牌排列于一起共出土 13 件。从反山与瑶山的随葬情况可知，凡有成组玉牌随葬者，均为北列墓，可见这种圆牌形玉饰，应是一种受祭祀功能约束的具有身份标志的功能性的佩戴品。

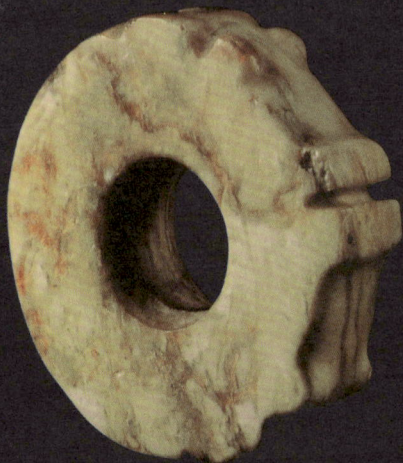

常熟罗墩遗址 M8 龙首纹玉环（左）
海盐仙坛庙遗址 M51 龙首纹小玉环（右）

（二）龙首纹小玉环

龙首纹小玉环，目前出土了 4 件。

浙江余杭梅园里 M8 出土 1 件，整器为小圆环形，两面扁平，形体不甚规整。直径 1.9 厘米，孔径 0.4～0.5 厘米，厚 0.55～0.75 厘米。在边缘较厚的一侧，以圆周面为正面，雕琢了一个龙首纹图案，双耳与眼鼻作浮雕凸起，眼睛作重圆，从正面看只可见其内侧半边，鼻端上翘，鼻下有一浅凹槽作为嘴巴，两侧面为素面。

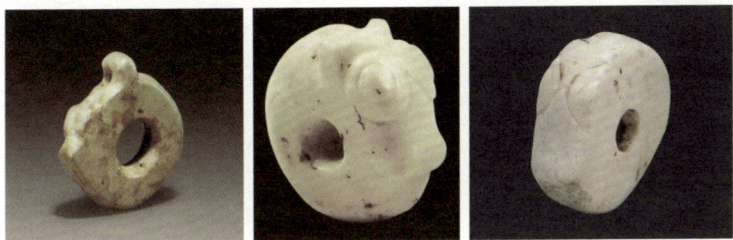

上海青浦福泉山 M74：168 龙首纹玉环（左）
余杭后头山龙首纹小玉环（中）
余杭梅园里龙首纹小玉环（右）

　　浙江余杭后头山 M18 出土 1 件，玉质沁为白色，整器为圆环形，以外侧面为正面，浮雕出一个龙头，龙的眼、鼻、耳凸出，十分形象生动，它与圆环的整体造型构成首尾相衔的完整的龙的形象。

　　浙江海盐仙坛庙 M51 出土 1 件，玉环透明淡绿，整器略呈不规则环形，以外侧面为正面，浮雕出一个龙首，长腭翘鼻，眼和耳凸出，环形构成首尾相衔的完整的龙的形象。

　　上海福泉山 M74：128 玉坠，从其整体外形看，应该是一种小玉环，眼鼻与耳朵均为浮雕凸起，但无阴线刻画细部。

瑶山 M11 : 94 龙首纹玉璜 1 侧面（左）
瑶山 M11 : 94 龙首纹玉璜 2 正面（右）

（三）龙首纹玉璜

　　瑶山 M11 出土龙首纹玉璜 1 件，玉质沁为鸡骨白色。玉璜为扁宽桥形，上端有 4 个对钻的小孔，出土时与两串玉管对接，可知为双链式的佩挂方式。璜的外缘以圆弧面为正面，雕琢 4 个首尾相接的龙首纹，两面表现龙首纹的侧面。龙首纹的形态与典型龙首纹一致，眼鼻凸起，眼鼻之间饰以单线菱形纹，唇下露出一排整齐的牙齿。整器宽 7.9 厘米，高 3.0 厘米，厚 0.55 厘米。

瑶山 M1：30 龙首纹玉镯

（四）龙首纹玉镯

龙首纹玉镯，经考古发掘出土者仅有 1 件，出自瑶山 M1，玉质沁为灰白色，镯体宽厚，内壁平滑，外壁等距离琢出 4 个龙首纹。镯的外周面刻着龙首纹的正面，在两个端面上刻有侧面。四龙首纹作首尾相衔的顺向排列，重圆凸起的眼睛，宽大的嘴巴及整齐的牙齿，与其他玉器上所见龙首纹一致。其中有一个龙首纹的唇线上也刻有一排牙齿，应属于误刻现象。另外在眼鼻之间的双线菱形纹中间，各刻一小小的扁圆，以填补此间较大的空白，从而使图案在视觉上显得饱满而具有灵气。两耳作浮雕上竖，在耳前以阴线刻出一对略弯的短角，颇似鹿茸形态，在两侧用弯勾形的线条形象地表现出嘴列。整器直径 7.4 厘米，孔径 6 厘米，高 2.6 厘米。

在传世品中，龙首纹玉镯是较多见的一种，以往研究者们一般称之为"蚩尤环"。蚩尤环之说，源自元代朱德润的《古玉图》，书中收录了一件蚩尤环，以外周面为正面，饰有 5 个浮雕的龙首纹。以今天我们对龙首纹的认识，断定其为良渚文化之物毫无疑义。这应是良渚文化龙首纹玉器出土的最早记录。原书中记录道，"色如赤璊，而内质莹白，循环作五蚩尤形，首尾衔带，雕镂古朴，三代前物也。盖古者黄帝氏平蚩尤，因大雾做指南车，饰以文玉，今其文作蚩尤形，盖当时舆服所用之物也"。

另外在清末端方的《陶斋古玉图》中，也见有一件类似的龙首纹玉镯，书中称之为"珑"，从图上可知，该玉镯也以外周为正面，等距离琢有 6 个浮雕的龙首纹，从其图案风格特征看，也无疑属良渚文化之物。

将传世品与发掘品统一考察，可见除圆牌形玉饰外，玉镯也是多见龙首纹的一种玉器。所饰龙首纹有 4 ～ 6 个不等，均以外圆周面为正面，作首尾相衔排列。

海宁达泽庙遗址出土的龙首纹玉牌饰

（五）半圆雕片状龙首形玉器

半圆雕的片状龙首纹玉器有 1 件，出自浙江海宁达泽庙遗址 M10，玉质沁为白色夹灰色结晶。器为长方形扁片状龙首形，高 2.8 厘米，宽 0.9 ～ 1.3 厘米。正面以浮雕和阴刻结合的手法雕出龙首的面部，眼鼻凸起，眼鼻之间饰以 3 线垂弧纹。背面平整，有线锯痕，上下两端各有一透穿小孔，使用时应是镶嵌于其他物体上。

浙江桐乡普安桥龙首〔左〕

台湾私人藏玉龙首〔右〕

（六）圆雕龙首形玉器

圆雕龙首形玉器，考古发掘出土 1 件，出自浙江桐乡普安桥遗址 M8，玉质沁为白色，有紫褐色结晶斑，整器近似圆柱形，通高 3.1 厘米，正面宽 1.2 厘米，侧面宽 1.5 厘米。前面以浮雕和阴刻等方式来表现龙首的面部；背面与顶上做成圆弧形；下颌近似半球形，中间有一竖孔，使用时应镶嵌于杆状有机物的顶端。双耳为立体圆雕，向上竖起，两眼突出，并以阴线刻画出扁圆的眼球，上腭部略凹，吻部前凸，嘴巴锯割成 L 形的立体形态。整器雕琢精细，龙首形态栩栩如生。这一圆雕龙首形玉器的发现，为我们认识浮雕阴刻龙首纹的真实形态，提供了可靠的依据。

另外，《故宫文物月刊》（台北）杂志第 174 期中，也刊出过一件圆雕龙首形玉器，与普安桥所出龙首形态极为相似，只是在龙首的背面琢成节状纹，因而略有差别。

（七）龙首纹玉管

目前所见龙首纹玉管共有9件，其中反山出土4件，瑶山出土5件。这些龙首纹玉管，以往被归入小琮式管之列。因其所饰图案与典型龙首纹形象略有差别，所以往往被认为是神人兽面图案的变体。这些龙首纹图案，均施刻于圆形玉管上，以上下重叠的方式布列，有单节和多节之分。一般一周有3个或4个眼睛和鼻孔，左右重复使用，构成三面或四面式结构。眼睛为凸出的重圆，在额中部分叉，与典型龙首纹的耳朵相似。眼鼻之间，有的刻有与典型龙首纹完全一致的菱形纹，有的刻以垂弧纹装饰。每节下部，在与两眼相对位置，琢出两个大大的凸出的圆形鼻孔，鼻孔之间连以浮雕凸起的横条，以表示吻部，有的还加刻出唇线，与典型龙首纹的唇鼻的表现方式极为一致。在以往的研究中，或将此鼻孔认作简化的兽面的眼睛，实属错误。

虽然这些玉管上的龙首纹均施于弧面上，但就正面观之，其眼鼻一般处于视觉的边缘，往往仅见其大半。这与典型龙首纹在两个面交接处表现眼鼻的手法也正相合。与典型龙首纹所不同的是，所有施于玉管上的龙首纹，均省略了唇下的牙齿。这些纹饰的整体风格、眼睛和鼻的表现方式，以及面额正中的菱形纹和垂弧纹的装饰，均与龙首纹十分接近，而与常见的神人兽面图案相差较远，所以我认为，这些玉管上的图案应是适用于不同表现方式的一种变体形式的龙首纹。

反山 M12：129 龙首纹玉管（上）

反山 M16：14、47 龙首纹玉管（下）

瑶山 M9：5 龙首纹玉管（左）
瑶山 M2：7 龙首纹玉管（中）
瑶山 M10：21 龙首纹玉长管（右）

标本（1），瑶山 M9：5，高 3.6 厘米。玉质沁为白色带黄褐斑，饰单节龙首纹。一周有三个眼睛和鼻孔，相连使用，构成三面式结构。眼鼻之间饰以三重菱形纹装饰，玉管两端以凹弦纹组成边额。

标本（2），瑶山 M2：7，高 6.75 厘米。玉质沁为白色略带黄褐斑。整器饰两节半龙首纹，为每周三个眼睛和鼻孔的三面式结构。眼鼻之间饰三道垂弧纹。最下面半节只有眼睛而无鼻孔，上下无边额装饰。

瑶山 M11：73（1）、（2）龙首纹玉管

　　标本（3），瑶山 M10：21，高 8 厘米。玉质沁为白色。整器分为三节，玉管两端各以凹槽做成规整的边额。龙首纹的眼睛凸出，双耳上竖，眼鼻之间饰以双线菱形纹。唇鼻只以阴线刻画，而不作浮雕凸起，在平直的唇线两端上卷成鼻孔，此与一般龙首纹的表现方法略有区别。

　　标本（4），瑶山 M11：73（1）、（2），原为一件，从中一锯为二，其中 M11：73（1）高 1 厘米，直径 1.6 厘米。M11：73（2）高 1.1厘米，直径 1.6 厘米。均为白色，上有青灰色细斑，两器形制图案基本一致，可以接合成上下两节。整器略呈三棱形，在其中两条棱脊上各琢一浮雕的重圆眼睛，另一条棱上琢有一贯通上下的凸起的竖条，上面刻有横线等装饰，在其两侧各有一不甚完整的眼睛，每周四只眼左右共用，形成不尽相同的四组面纹。

反山 M16：14 玉龙纹管

　　标本（5），反山 M16：14，直径 1.65 厘米，高 2.7 厘米。玉色
黄白，饰单节龙首纹图案，一周有四个凸起的眼睛，相连使用构成四
面式结构。与眼睛相对的下方，为凸起的圆形鼻孔，眼鼻之间饰以三
重垂弧纹装饰。玉管下端有凹槽边额。

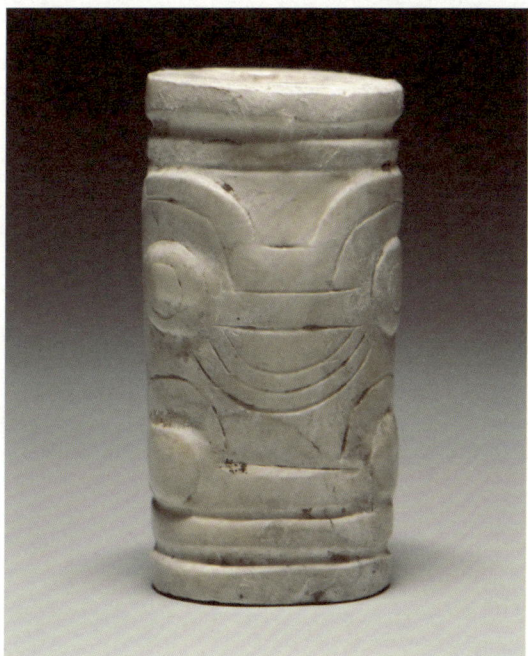

反山 M16：47 玉龙纹管

　　标本（6），反山 M16：47，直径 1.6 厘米，高 3.2 厘米。玉色黄白，施单节龙首纹图案，一周有三个相连使用的凸出的眼睛，构成三面式结构。与眼睛相对的下方，为三个圆形凸起的鼻孔。眼鼻之间饰三线垂弧纹。玉管的上下两端以凹弦纹组成边额。

反山 M12：129 龙首纹玉管（1）、（2）

　　标本（7），反山 M12：129（1）、（2），两件玉质、大小尺寸及图案都极为相同，直径 1.4 厘米，高 2.8 厘米。玉质沁为白色，有蓝紫斑，施有两节龙首形纹饰。眼与鼻孔均作扁圆形凸起，一周两个眼与鼻孔，上下两节图案的面向呈 90°交错分布，从而形成上下交错的四面式结构。鼻孔之间连以凸横条的唇吻，眼鼻之间为垂弧形凸线。整器的线条均是在浅浮雕上做成凹面表示，手法独特精致。

反山 M16：1、104 带盖玉龙首纹柱形器

（八）龙首纹柱形器

　　龙首纹柱形器有 1 件，出土于反山（M16：1），通高 4.2 厘米，直径 4.3 厘米。为带盖柱形器，施单节龙首纹，纹饰特征与龙首纹玉管相似。柱体一周有六个凸起的眼睛和鼻孔，构成六面式结构。鼻孔之间连成凸横条的唇，眼鼻之间饰三重垂弧线，上下两端以凹槽分割出边额。

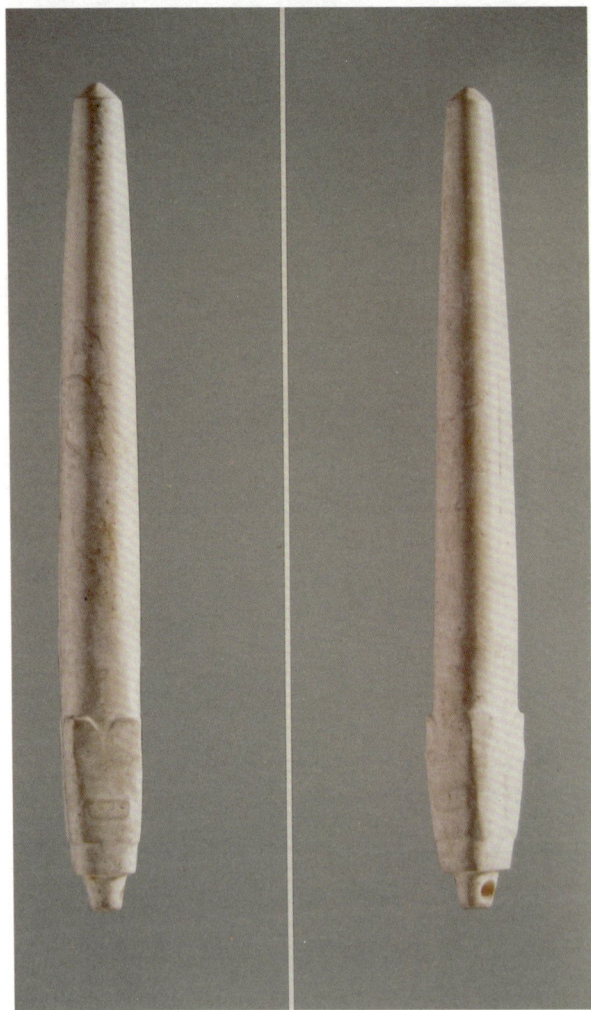

瑶山 M2 出土的龙首纹锥形器

（九）龙首纹玉锥形器

　　龙首纹玉锥形器共 2 件，出于瑶山（M2：10、11），大小接近，所刻图案一致。标本 M2：10，长 10.2 厘米，玉质沁为白色，上部为圆柱形，顶尖呈圆锥状，下部为方柱形，以方柱的平面为中心，在正背两面，以浅浮雕琢出两个龙首纹图案，双耳上竖，两眼凸出，两眼位置恰在于两面交角之处，与龙首纹的风格特点一致。下部以扁圆形的凸块表示吻部，省略了鼻孔和牙齿。在另外两个面上，浮雕出耳朵的侧面轮廓及龙首的后缘。锥体的下端为一圆形短榫，榫上钻有对穿的小孔。以往曾将此认作是神人兽面纹的特殊表现形式，而从对龙首纹的认识来分析，此应属龙首纹的变体形式。

（十）龙首纹的三叉形器

　　龙首纹三叉形器有 1 件，为香港收藏家所收藏，是目前仅见的一件将龙首纹与神人兽面图案同施于一件玉器的特殊标本。该器物通高 4.75 厘米，上端宽 8 厘米，下端厚 1 厘米。器表受沁成粉白色，说明应为近年出土之物。整器平面呈 U 字形，下端略厚，下端正中有一贯通的竖孔，下缘在中心孔两侧，各有一未透的钻孔。在两个侧支的顶端，各有一不深的钻孔，在前后两个面上各钻一小孔与之相连通。从其钻孔情况可知，此器虽仅有两叉，但应与三叉形器属同类。这种没有中叉的形态，实属特殊。在下部正反两面，各施兽面纹，一面以浮雕琢成，另一面仅以阴线刻画。在两个侧支的上端，前后两面各施刻半个头戴羽冠的神人面纹，左右可以拼合成一个完整形态。在神人面纹的下部外缘、两边各琢出一个龙首图案。以外侧面为其正面，在前后两个面上琢龙首的侧面，龙首纹的眼鼻突出，具有典型特征。

除上述几种龙首纹玉器外，在传世品中，还有一些龙首纹玉器，或不具典型而未辨真伪，或资料欠于周详，在此不一一列举。

龙首纹玉器自 1986 年在浙江余杭反山发现以来，已获得了许多的资料和新的认识；对其施纹特点和器物类型的归纳，是良渚玉器研究的一个重要方面。从发掘品的出土情况看，反映出如下几方面的问题：

（1）这些龙首纹玉器，只见于良渚文化中期以前的大型墓葬，目前尚未发现属于良渚晚期的出土品。

（2）在良渚文化早期的如达泽庙、梅园里等中型墓地中，龙首纹玉器是全墓地中所见的唯一有纹饰的玉器，而且以龙首纹玉器随葬的墓，也几乎是墓地中规格等级最高的墓葬。由此我们可以看出龙首纹在良渚文化早期崇拜中的重要地位；而在具有时代意义的同时，是否也具有群落等级方面的意义，尚待今后进一步的研究。

（3）龙首形玉器在太湖流域应从崧泽文化末期开始出现，达泽庙、普安桥等出土龙首形玉器的墓葬和随葬陶器以扁凿形足鼎为其时代标志和文化特征，分析其渊源，我认为应是从长江中游传入的一种文化因素和信仰。从同时期的红山文化和凌家滩文化看，也都有对龙的不同表现形式，这反映了区域间的文化交流与影响，也应是这一时期自然崇拜的一种表现。桐乡普安桥遗址出土的圆雕玉龙首和海宁达泽庙遗址出土的浮雕玉龙首，应是龙首形玉器出现的早期形式；稍晚至良渚文化初期，发展为以圆雕刻画龙首并用圆环象征龙身的形态，标本有海盐仙坛庙遗址出土的圆雕龙首玉环和余杭后头山遗址出土的圆雕龙首玉环；良渚文化早期出现了以环形玉器为主的龙首纹的特殊表现方式及其他一些形态的变体形式，并且与神人兽面神徽共出，这反映出两种偶像崇拜的融合。从随葬情况看，在反山、瑶山虽出土有多件龙首纹玉器，但只集中于两三座墓中，这或许是在祭祀本源上不同谱系的一种反映和保留，这为研究原始宗教中从多神到一神的转变融合过程提供了珍贵资料。

（4）综合良渚文化出土与传世的龙首纹玉器，可以看出环形玉器
是其主要的载体，运用那种周向式的表现方式，使载体本身成为龙身
的象征。这种表现方式与红山文化的玉龙及青铜时代的龙形玉块等极
为相似。另外，在良渚文化龙首纹的面腭正中，大多有一个菱形的纹
饰。这一菱形纹饰，在商周时代的玉器及青铜器上也多有发现，其意
义与功能颇费猜测，但所反映的文化上的传承与融合却是十分明显与
重要的。

四　文化的传承与演变

考古地层学与类型学的研究让我们逐渐建立起了中国史前时代的文化谱系与年代序列。通过类型学的分析，我们找出了各种器物及文化因素的逻辑演变顺序，从而揭示出文化发展的规律，并试图解释造成这些演变的内外原因及其意涵。通过类型学的比较研究，也让我们看到许多文化之间的交流与影响。尤其作为精神信仰载体与身份地位象征的玉器，它所表现出的许多跨越地域与时代的传承，在我们今天看来仍然是那样的不可思议。随着对玉文化研究的深入，我们越来越感觉到玉是连接我们中华文化的纽带，是理解中华文化从多元走向一体的历史脉络的重要物证。

（一）文化信仰的超时空现象——千年不变的神眼、弓形冠与鸟

随着 20 世纪 80 年代对良渚文化玉器上神徽图案的发现与解读，我们逐渐明白了弓形冠与重圆的眼睛所代表的神性。也有学者称这种弓形冠为"介"字头冠。除良渚文化之外，山东龙山文化的神徽也戴有类似的神冠，尽管在神灵脸部的表现上有许多的不同，但弓形神冠与重圆的神眼，仍表达了它们之间的密切联系与影响。

追溯这种神冠的来源，它最早见于距今 7000 多年前的河姆渡文化。河姆渡文化发现于 20 世纪 70 年代的浙江余姚河姆渡遗址，因干栏式建筑、腰沿釜、水稻等大量出土遗物而著名。在河姆渡遗址 T29 第四层出土的一件陶盆上刻画了弓形的帽子、重圆的神眼，左右还有两个动物的图形。这一十分抽象而隐约的河姆渡文化的神灵的图形，在很长一段时间以来，并没有引起人们的关注。而刻在象牙板上的双鸟纹则备受青睐，被称作"双鸟朝阳"，并且成为河姆渡文化的标志。[①]

在良渚文化中，鸟纹一般被刻画在神徽图案的左右两侧，只有在反山 M12 出土的玉钺上，鸟纹被刻画在了神徽的下方。良渚文化的鸟纹的身体部分完全用与其相配的神徽的眼睛表示，这种组合位置与图案设计方式，明确地表达了这种鸟是他们信仰的神灵的载体。正像《左传》庄公三十二年所记载的那样："秋七月，有神降于莘……王曰：若之何？对曰：以其物享焉，其至之日，亦其物也。"神灵是虚体的，为一般凡眼所不能见。神的到来让人们所能看到的，往往只是代表他的灵物。这即是早期巫术与萨满教的实质。

---

① 浙江省文物考古研究所：《河姆渡——新石器时代遗址考古发掘报告》，文物出版社 2003 年版。

通过对良渚文化神徽与鸟纹的认识，再回看河姆渡文化的所谓"双鸟朝阳"的图案，其鸟身所表现的也绝非太阳或鸟卵，而应是他们所信奉的神灵的眼睛。同样的圆圈神眼，在河姆渡文化中还被刻画在猪纹以及陶兽等身上。这更加说明了早期万物有灵的观念和表达方式。

良渚文化与河姆渡文化相隔数千年，这两个文化对于头戴弓形冠的神灵形象及以鸟作为载体的表达方式的传承，表现出了非常强的继承性，这种继承性是一种文化根脉的接续与认同。

江苏武进寺墩 M3 出土的玉琮（上左）
余杭横山 M2 出土的玉琮（上右）
江苏武进寺墩 M5 出土的玉琮（下左）
上海青浦福泉山 M9 出土的玉琮（下右）

（二）文化特征演变模式的非单一性

以前在解读良渚文化玉琮的演变时，我认为依琮的断面的不同，大略可将琮的发展分为三个大的阶段：第一阶段为圆琮；第二阶段已出现四角，但折角大于 90°；第三阶段为折角略等于 90°的方琮。最早的玉琮概念，应是在四周刻了神灵图案的穿孔玉柱。开始只是对图案本身进行浮雕或阴刻，后来逐渐将雕刻图案的部分分块凸起，这就形成了玉琮四面的竖槽和横的分节。而为进一步使图案立体化，不断地将鼻线加高，便逐渐出现了琮的四角，最后演化成为横截面呈 90°的外方内圆的琮体形式。在琮体形式发展的同时，琮上的神徽图案也沿着由繁到简，由具体到抽象这一规律进行演变 [①]。

　　在今天看来，这一总结虽然客观地反映了玉琮主要的发展规律，但却是不全面的。一方面，玉琮确实是沿着由圆到方，纹饰由繁到简，最后发展到素面琮的这一主要规律发展的，并且由此我们可以看到山东龙山文化、山西陶寺文化、西北齐家文化等对于良渚文化玉琮的传承。但另一方面，文化特征的演变也并非按照单一方向进行，在良渚文化晚期的墓葬中，也仍然有少数的钝角玉琮出现，而且这些玉琮上的纹饰也并没有十分简化，仍然保持了大大的兽眼。以前我依据形态和纹饰的特征，认为它们是墓主人继承下来的早期作品。近几年发掘的良渚卞家山遗址和良渚古城遗址，出土了大量的刻画纹饰的良渚文化晚期陶器，陶器上的纹饰主题主要有变体鸟纹和盘龙纹。2006年在良渚古城葡萄畈段发现的一件陶罐和豆把（即豆柄）上刻画有鸟纹图案，保持了早期以神眼作为鸟身的做法，这让我们认识到在良渚

---

① 刘斌：《良渚文化玉琮初探》，《文物》1990 年第 2 期。

江苏阜宁陆庄 M3 出土的玉琮（上左）
山西陶寺文化玉琮（上右）
甘肃临洮县李家坪出土的齐家文化素琮（下左）
山东五莲丹土玉琮（下中）
瑶山 M10：15 玉琮（下右）

文化晚期仍然存在神徽的复杂表现手法，从而为我们理解良渚晚期玉器的演变特征提供了依据。

　　仔细观察良渚文化晚期墓葬中出土的扁矮的钝角玉琮，其与早期第二阶段钝角玉琮的差异，主要表现在对大眼睑神徽眼睛的形态刻画上，早期的兽眼一般为卵圆形，晚期钝角玉琮上的兽眼则演变成了外眼角向上出尖的桃形。这类玉琮主要见于江苏武进寺墩 M3、M5，浙江余杭横山 M2 等。

延安芦山峁遗址出土的玉琮

　　另外，随着近年来良渚文化资料的丰富，我们发现在陶器形态的发展上，也同样存在着非单一性规律，比如作为良渚文化发展主要标尺的鱼鳍形鼎足的演变。除了以往总结的鱼鳍形足外侧逐渐加宽，演变为横截面呈 T 字形的规律外，也同时有一路鱼鳍形足不按此方向发展，而是逐渐向扁平方向演变。这种文化传承与演进的非单一性，是我们在进行类型学研究时值得注意的现象。

良渚古城城河出土的刻有神徽纹的陶片

（三）跨越千里，传承千年——祈祷的萨满，神秘的法器

辽河流域的红山文化与长江流域的凌家滩文化，相隔数千里，两地出土的陶器所表现出的文化面貌有着迥然的差异，如果不是因为玉器的发现，我们似乎很难想象它们之间会存在怎样的联系。以前我们仅仅从红山文化的玉猪龙与凌家滩文化的龙形玉环，以及两地共有的连环形玉饰等上，推测这些地区的人们可能穿越了遥远的距离及文化的阻隔，而产生了一些间接的交流与影响。2002 年在辽宁牛河梁遗址第十六地点发现了与凌家滩文化形象一致的玉人；2007 年在安徽含山县凌家滩遗址出土了与红山文化相似的斜口筒形器。这两地的重要发现交相辉映，将两个千里之遥的文化完全拉在了一起。这种交流与传承完全超乎我们的想象[1]。

凌家滩遗址共出土 6 件玉人，可分为站姿与坐姿两种。站姿玉人3 件，出自 87M1，玉人身高 9.3 ～ 9.9 厘米；坐姿玉人 3 件，出自

----

[1] 辽宁省文物考古研究所编：《牛河梁红山文化遗址与玉器精粹》，文物出版社 1997 年版；中华玉文化中心工作委员会：《玉魂国魄——红山文化玉器精品展》，浙江古籍出版社 2009 年版；安徽省文物考古研究所：《安徽含山县凌家滩遗址第五次发掘的新发现》，《考古》2008 年第 3 期。

凌家滩遗址 87M1：1 出土的玉人像（左）

凌家滩遗址 98M29：14 出土的玉坐人像（中）

辽宁牛河梁十六地点 M4 出土的玉人像（右）

98M29，玉人身高 7.7 ～ 8.6 厘米。两类玉人均为扁薄体，厚度一般在 0.5 厘米左右。采用半圆雕形式，背面为切割平面，有可穿系的牛鼻孔。前面为正面人像，头戴矮平帽，双臂紧贴胸前，双手向上放在胸部，像是正在祈祷的巫师。

牛河梁遗址第十六地点 M4 出土的玉人，为浑厚的立体圆雕，形体较为硕大，高 18.5 厘米，头宽 4.5 厘米，厚 2.34 厘米。玉人整体形象与凌家滩出土的站姿玉人十分相似。在背面颈部有可穿系小孔，前面为正面人像，与凌家滩出土的玉人一样，双手放在胸前，作祈祷状。

比较这两种玉人，虽然在形体大小与加工方式上存在差异，但在形象内涵的表达上，却应该是完全一致的，因此这两个相距千里的文化，应该具有相同的神灵信仰与宗教模式。

2002 年在辽宁牛河梁遗址第十六地点发现红山文化玉人时，研究者们或许还会认为，这只是一个偶然的巧合；但当 2007 年在安徽凌家滩遗址的墓葬中出土了与红山文化近乎一致的斜口筒形器时，我们就不得不相信，这两个文化之间，确实存在过密切的交往 [①]。

凌家滩 07M23 是到目前为止在凌家滩遗址发现的最大的墓葬，共出土玉、石、陶器 330 件。其中最特别的是在墓主人的腰腹部位出土了 3 件斜口筒形器，其中一件做成比较明显的龟甲状，发掘者直接称之为玉龟。另外两件为一端平口一端斜口的扁圆筒形，极似红山文化的斜口筒形器。3 件斜口筒形器的直径较小的一端均钻有小孔，出土时在 3 件筒形器中各放有 1～2 件圭形玉签，玉签的一端也均有一个小孔。发掘者认为，这组筒形器属于占卜工具。

---

① 邓淑苹：《解开红山文化玉箍形器之谜》，《故宫文物月刊》（台北）2009年第 311 期。

凌家滩 07M23 出土的斜口筒形器（左）
凌家滩 07M23 斜口筒形器出土现场（右）

　　斜口筒形玉器是红山文化的典型器物，由于红山文化的斜口筒形玉器大多出土在墓主人的头部，所以研究者多认为这是一种巫师首领的发箍。由于凌家滩文化类似龟形的斜口筒形器的发现，对照 1987年凌家滩 M4 出土的组合玉龟甲，以及放在龟甲之中的八角纹玉版，考古界重新审视以往对于红山文化斜口筒形器的解读，许多研究者也开始认为这是与占卜有关的玉龟形法器。

凌家滩 87M4 玉龟甲中刻纹玉版

凌家滩 87M4 出土的玉龟甲（左）
凌家滩 87M4 出土的玉龟甲（右）

　　比较红山文化与凌家滩文化两种玉斜口筒形器，它们在造型与功能上显然应该是一致的。这种造型应取象于对龟甲的模仿和对龟灵占卜的玉器化。那么斜口筒形器在占卜中究竟是怎样使用的呢？根据凌家滩遗址斜口筒形器的出土情况分析，我认为它们在被使用时，应该是悬挂在腰间，筒形器中的玉签与筒形器穿系在一起，它们并不是占卜的工具，而是巫师在作法的舞蹈中起到可以发出响声的作用的东西。红山文化的斜口筒形器应该具有相同的用途，筒形器的中间原来可能穿系了骨质或木质的签子，使用时可能拿在手中当作手铃。有意思的是，我们看到的青铜器中的铃铛、铙、铎、编钟一类的响乐器，也往往都是做成斜口扁圆体，这难道是偶然的巧合吗？我想除了与龟甲的象形之外，可能与发声的要求也有着直接的关系。

　　随葬龟壳的习俗在大汶口文化中较为常见，在红山文化和良渚文化中都有玉龟出土，在浙江嘉兴南河浜遗址的 27 号崧泽文化墓葬中还出土了一对陶龟壳[1]。可见龟灵崇拜在新石器时代是十分普遍的，新石器时代晚期开始出现用龟甲占卜的现象。在新石器时代早期的河南舞阳贾湖遗址，出土了许多装有小石子的龟壳，我认为与斜口筒形器一样是巫师在作法中所使用的一种响铃形器[2]。占卜应该是在新石器时代晚期发展起来的一种通神方式，与通过舞蹈等方式让神灵直接附体的萨满教的求神方式属于不同的范畴，而相应地在龟灵崇拜上也表现出早晚不同的使用方式。

① 浙江省文物考古研究所：《南河浜》，文物出版社 2005 年版。
② 河南省文物考古研究所：《舞阳贾湖》，科学出版社 1999 年版。

河南舞阳贾湖遗址出土的装有小石子的龟壳

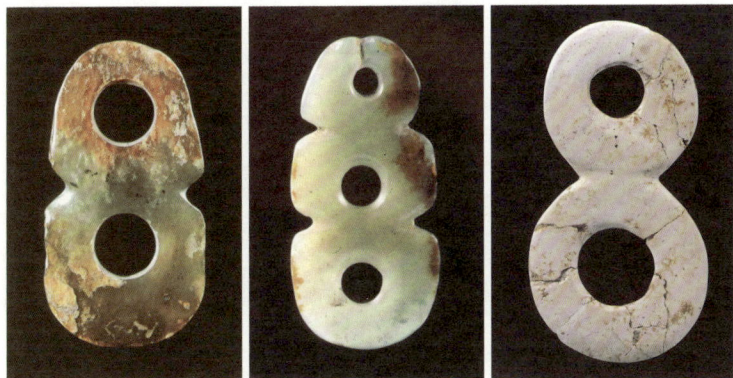

海安青墩遗址出土的双连璧（左）

红山胡头沟 M3 出土的三连璧（中）

凌家滩遗址 87M15：107 出土的双连璧（右）

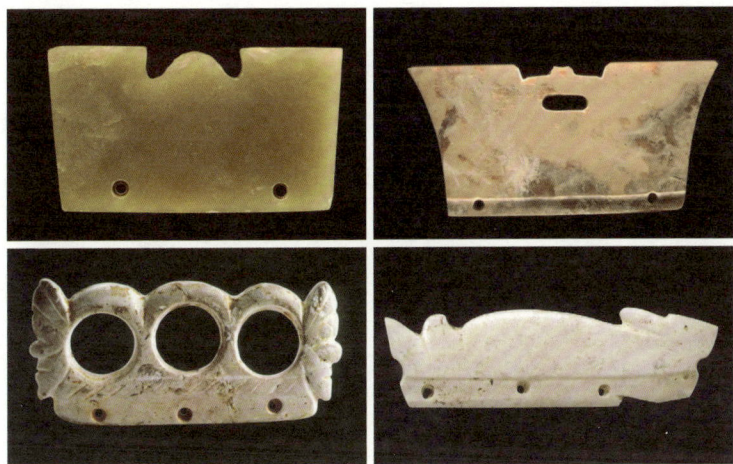

桐乡新地里遗址 M108 出土的冠状器（上左）

余杭瑶山 M7 出土的冠状器（上右）

红山牛河梁第二地点冢一 M17 出土的双人首三孔冠状器（下左）

凌家滩遗址 87M10：7 出土的双兔首冠状器（下右）

（四）玉龙、勾云形器及红山文化之神

红山文化有两种龙的形态，即大耳朵的玉猪龙与背上长着长鬃的
C形龙。

由于玉猪龙出土与传世数量较多，一般形体浑厚硕大，大耳大
眼，有着长着皱褶的猪鼻形态，格外受瞩目，所以成为红山文化最有
代表性的玉器。就其形象来源与象征意义，学术界有多种解释，对此
不多加议论，在此主要想强调的是玉猪龙所代表的形象是红山文化一
个独立的崇拜主题。关于这一主题的表达，我认为主要有两种形态：
一种是我们所熟知的首尾相接的块形，是对这种龙形动物的整体圆雕
形式，在这种形式中我们习惯观察的是它的侧面形态；另一种则是被
称为兽面玉牌饰的玉器，这种玉器显然是对龙首的正面夸张的表达方
式，从其下部的形态与穿孔看，我认为很可能是安装在某种权杖的顶
端使用的法器。

C形龙所见数量很少，以内蒙古翁牛特旗三星他拉出土的大型C
形龙最具特征和影响。它们显著的共同特征是呈C形整体及背上向外
勾起的长鬃。其总的造型表达方式与块形玉猪龙相似。从两种龙的形
象比较分析，我认为C形龙与块形玉猪龙不仅仅是造型上存在差异，
而且C形龙是完全不同的另一崇拜主题。正因为是一个独立的崇拜主

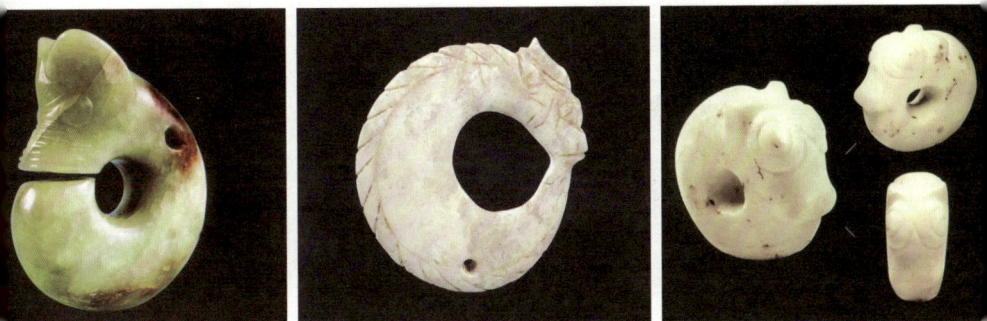

红山牛河梁第二地点冢一 M4 出土的玉猪龙〔左〕

安徽含山凌家滩遗址 98M16：2 出土的玉龙〔中〕

余杭后头山 M18 出土的龙形玉环〔右〕

题，所以这种龙的钩形长鬃，也常常作为龙的象征物而被单独雕刻。

对于 C 形龙形体的另一种表达方式，我认为即是红山文化中常见的勾云形器。勾云形器一直是红山文化中比较让人费解的一种玉器形态，就其形态及所表达内涵的分析，我认为总体上可以分为两类。

第一类是四角各雕出几乎对称的龙鬃形勾，中间镂空做出卷勾状。仔细分析其整体形态，显然是一条卷身回首咬住身体的龙的形象。四个鬃形勾向外翻卷，基本对称。龙尾内卷呈尖圆的钩状，龙首回咬住身体，所以在表现龙首的部位有一个小的弧形凸起，而与另一

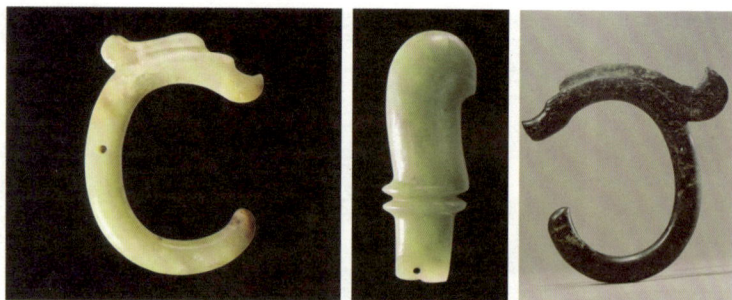

内蒙古黄谷屯遗址出土的 C 形玉龙（左）

内蒙古那斯台出土的钩形器（中）

内蒙古三星他拉出土的 C 形玉龙（右）

边呈不对称形状。所以这种勾云形玉佩，应该是一种卷龙形玉佩。从平面看有正面和背面之分：正面顺着龙身体的走向，琢磨成瓦沟纹；背面为平面，一般有四个牛鼻状孔，所以应该是缝缀在衣服上，或者附着在某种法器上使用的。

　　第二类一般为宽扁的长方形状，两端呈钩状，一边镂空成齿状，另一边一般有一个对钻的小孔，靠近中间镂空雕琢出两只眼睛，所以也有学者称之为带齿兽面玉饰。就其功能，郭大顺先生曾认为，它们不是一般的佩饰，而很可能是一种类似斧钺的权杖。这类器物与第一类有着明显差异，第一类一般为牛鼻状孔，存在正反面，显然是附着

玉猪龙（辽宁建平县征集）（左）
玉猪龙首正面（原称兽面形玉牌饰，辽宁文物商店征集）（右）

于衣饰类上使用的，在造型上是围绕一个中心的卷曲；而第二类一般
只有一个孔，从发表资料看，一般认为孔是在上面使用的，所以把相
对另一边的齿状看作是动物的牙齿，而称为带齿玉佩。通过对实物的
观察，我认为这类器物在使用时，孔应该是在下方的，所以很可能是
簪子的上端饰。在造型上，两只眼睛实际上是两个卷曲的中心。分析
这种造型的来源和内涵，我认为应该是取材于两个相连的卷龙形，从
而产生出的一种崇拜神的神冠玉饰，建议称为双龙玉神冠。这与山东
朱封 M202 出土的玉簪神冠十分相似。这种像是巧合般的神似，不仅

内蒙古那斯台遗址出土的勾云形器（左）
牛河梁第五地点冢 1M1 出土的勾云形器（右）

为我们解读红山文化的这种玉饰提供了依据和想象空间，同时也为山东龙山文化的特征鲜明的神徽找到了渊源。山东龙山文化的神徽对于眼睛的表达方式，以及脸部两侧的勾牙装饰，我们都可以在红山文化的这种玉佩上，找到极为神似的影子。

从河姆渡文化到良渚文化的弓形神冠与眼睛，从红山文化与凌家滩文化的祈祷的玉人与斜口筒形器，以及红山、凌家滩、大汶口所共有的连环形玉饰，让我们似乎更清楚了这种红山文化之神与山东龙山文化的密切关系。跨越千年万里，在玉文化中我们看到了中华文明之魂的传承与演变。

山东朱封 M202 出
土的带簪玉神冠

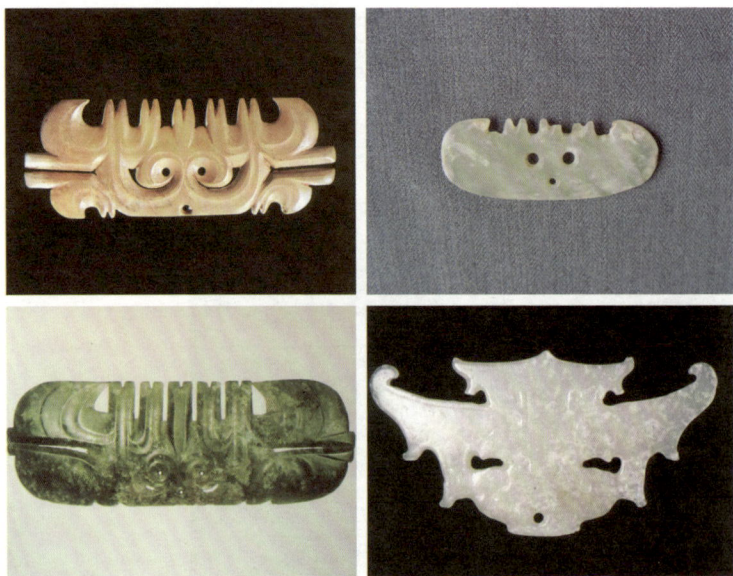

陕西凤翔春秋晚墓葬出土的红山文化双龙玉神冠（原称带齿兽面玉佩）（上左）

辽宁红山牛河梁第二地点冢 1M9 出土的简化形式的玉神冠（上右）

辽宁红山牛河梁第二地点冢 1M27 出土的双龙玉神冠（下左）

陶寺遗址二区 M22 出土的玉神冠（原称玉兽面）（下右）

Ritual Tools and King Power :
Jade of Liangzhu

法器与王权：良渚文化玉器

第三章　权力与信仰

一 巫师的神冠与梳子

(一) 冠状饰的分布

冠状饰是良渚文化独有的一种玉器，在良渚文化玉礼器系统中占有十分重要的地位，所以近年来越来越受到研究者们的重视。

经考古发掘出土的冠状饰，目前所知已有数十件，这些冠状饰一般均出土于良渚文化的大型墓葬中，只有个别残破的标本出土于文化层中，而且也往往和被破坏的墓地有关。主要出土地点有：江苏吴县张陵山[①]、草鞋山[②]，常州武进寺墩[③]，昆山少卿山[④]、赵陵山[⑤]，无锡邱承

① 南京博物院：《江苏吴县张陵山遗址发掘简报》，《文物资料丛刊》第 6 辑。

② 汪遵国：《良渚文化 "玉敛葬" 述略》，《文物》1984 年第 2 期。

③ 邓淑苹：《带齿动物纹玉饰》《故宫文物月刊》1993 年第 11 卷，第 6 期；黄翠梅：《红山文化"带爪鹰面勾羽形佩"之形式发展及其余绪》，引自《古玉今韵——朝阳牛河梁红山文化国际论坛文集》，中国文史出版社 2008 年版。

④ 浙江省文物考古研究所、上海市文物管理委员会、南京博物院：《良渚文化玉器》，文物出版社、两木出版社 1990 年版；苏州博物馆、昆山县文管会：《江苏省昆山县少卿山遗址》，《文物》1988 年第 1 期。

⑤ 钱锋：《昆山市赵陵山新石器时代遗址》，引自《中国考古学年鉴》，文物出版社 1992 年版。

墩①，江宁昝庙②，上海青浦福泉山③，浙江余杭反山④、瑶山⑤、汇观山⑥、吴家埠⑦，嘉兴大坟⑧，海宁荷叶地⑨、余墩庙⑩，桐乡新地里⑪、普安桥、姚家山⑫、金家浜、徐家浜⑬等。

....

① 南京博物院、无锡市锡山文管会：《邱承墩》，科学出版社2010年版。

② 汪遵国：《良渚文化"玉敛葬"述略》，《文物》1984年第2期；浙江省文物考古研究所、上海市文物管理委员会、南京博物院：《良渚文化玉器》，文物出版社、两木出版社1990年版；苏州博物馆、昆山县文管会：《江苏省昆山县少卿山遗址》，《文物》1988年第1期。

③ 上海市文管会：《上海青浦福泉山良渚文化墓地》，《文物》1986年第10期。

④ 浙江省文物考古研究所反山考古队：《浙江余杭反山良渚墓地发掘简报》，《文物》1988年第1期；浙江省文物考古研究所：《反山》，文物出版社2005年版。

⑤ 浙江省文物考古研究所：《余杭瑶山良渚文化祭坛遗址发掘简报》，《文物》1988年第1期；浙江省文物考古研究所：《瑶山》，文物出版社2003年版。

⑥ 浙江省文物考古研究所：《浙江余杭汇观山良渚文化祭坛与墓地发掘简报》，《文物》1997年第7期。

⑦ 浙江省文物考古研究所：《余杭吴家埠新石器时代遗址》，引自《浙江省文物考古研究所学刊》，科学出版社1993年版。

⑧ 陆耀华：《浙江嘉兴大坟遗址的清理》，《文物》1991年第1期。

⑨ 刘斌：《海宁荷叶地良渚文化遗址》，《中国考古学年鉴》1989年版。

⑩ 刘斌、赵晔：《海宁发现良渚文化重要墓地》，《中国文物报》1995年8月6日；嘉兴市文化局：《崧泽良渚文化在嘉兴》，浙江摄影出版社2005年版。

⑪ 浙江省文物考古研究所、桐乡市文管会：《新地里》，文物出版社2006年版。

⑫ 嘉兴市文化局：《崧泽良渚文化在嘉兴》，浙江摄影出版社2005年版。

⑬ 嘉兴市文化局：《崧泽良渚文化在嘉兴》，浙江摄影出版社2005年版。

在早期的报告中，一般将冠状饰称为玉佩。在张陵山的发掘报告中，将其倒置，称之为"垂幛形玉佩饰"。日本学者林巳奈夫先生曾依总体形制将其命名为"倒梯形器"，认为与河姆渡的蝶形器有关[①]。但这只是一种具有想象力的推测，没有在形态方面找到确实可信的依据。自反山发掘后，由于对神人兽面神徽整体形态的认识，我们对这种形制特别的玉器有了新的解释。这种形体扁平，上大下小，顶部中央一般呈弓形尖凸的形制，无疑即是神徽上部弓形帽的写照。这为我们正确认识这种玉器的功能提供了科学的依据。

根据出土情况分析，冠状饰一般位于墓主人头部，在其下方附近，往往有成片的朱红痕迹及镶嵌用的小玉粒。从种种迹象分析，我们曾认为，这种玉器，应是镶嵌于有机物质神像头顶的一种玉质神冠。于是我们将其命名为冠状饰。在 1999 年浙江海盐周家浜遗址的发掘中，发现了与象牙梳连在一起的冠状饰，从而揭开了冠状饰的使用之谜。这种窄梯形的梳子是中国早期梳子的通行模式。新石器时代较典型的标本有大汶口文化的象牙梳，商周时期常见整体为玉质的梳子。这些梳子与良渚文化的梳子相比，具有共同的特点，就是都有较

---

① ［日］林巳奈夫：《关于良渚文他玉器的若干问题》，黎忠义译，《南京博物院》1984 年 7 月。

海盐周家浜 M30：1 玉背象牙梳

高的梳背，而且梳背上常常有装饰。将信仰崇拜的神灵形象雕琢于梳背上，或直接将梳背做成神冠的样子，反映出这种梳子在当时的重要性，它不应仅仅是简单的实用品。而且良渚文化冠状饰的随葬情况也反映出拥有这种梳子的人所具有的崇高地位。在反山、瑶山墓地中，每座墓中都有一件冠状饰，而在张陵山、草鞋山、寺墩、福泉山、汇观山及中等级的许多墓地中，冠状饰都是出在等级较高的墓葬之中。这反映出这种梳子在标明身份中的重要性和不可或缺的地位。因此我认为，良渚文化的梳子，除梳理头发的实际用途之外，更重要的用途应是巫师和首领插在头上作为身份和地位象征的一种装饰。将神冠戴在巫师和首领的头上，那么巫师和首领便显然成为神的化身，这是良渚文化神权统治的一种表现。

（二）冠状饰的类型与演变

冠状饰一般为两面平整的扁薄体，厚度多在 0.3 ～ 0.4 厘米左右。总体形状略近倒梯形，宽约 6 ～ 8 厘米，高约 3 ～ 5 厘米。其顶部可分成三部分，中间部分一般略成弓形，中心部位有一上凸的尖，左右为对称的平面，底部一般收成扁窄状，榫上往往有数个对钻的小孔，作为镶嵌固定之用。

目前所见冠状饰多为素面，少数施刻有神人兽面神徽。其施刻手法有浮雕、阴刻与透雕三种，阴刻往往与其他两种方法结合使用，以表现图案的层次感和细部。大多只在单面施纹，而极少有两面同施者。依冠状饰顶部的不同和总体形制的差异，略可将其分成两种类型。

A 型：以中间部分低于两侧为特征，整体形制略似汉字"凹"字结构。在中心部位一般做成弓形尖凸，少数中间部分为圆弧形隆起或平顶。A 型为冠状饰的主要形式，在数量上占绝大多数，贯穿良渚文化的始终。A 型冠状饰多为素面，从少数有施纹者看，一般仅施刻神徽的兽面及以下部分，而冠状饰的实体替代了被省略的神冠的图案部分。因此，我认为，这种构图方式的产生，正是受此类冠状饰形状的影响。

瑶山 M7 出土的 A 型冠状饰（左）
反山 M17：8 出土的 A 型冠状饰（右）

　　B 型：以中间部分高于两侧为特征，总体形状略似汉字的"凸"字结构。中心部位也一般做成尖状突起。明确的 B 型冠状饰，目前仅有反山 M15：7 和 M16：42 件标本。这 2 件冠状饰均为透雕，纹饰为神人兽面俱全的图案。另外瑶山 M2 所出的 1 件冠状饰，顶部不分段，而仅中心部位的尖状凸起高出顶面，应是 B 型的一种特殊形式，其上的纹饰也是神人兽面俱全的图案。从这 3 件标本我们可以看出，B 型冠状饰应是为表现图案的需要而产生的。目前仅见于反山和瑶山两地，而没有发展成独自的序列。

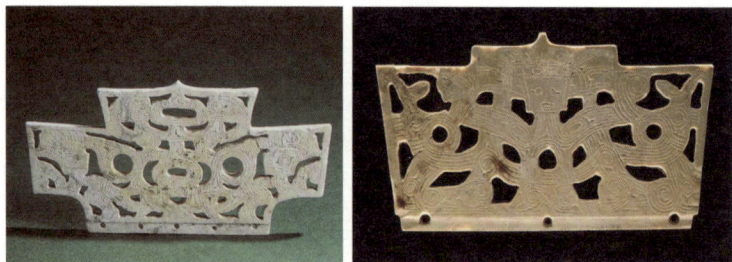

反山 M16 出土的 B 型冠状饰（左）
反山 M15：7 出土的 B 型冠状饰（右）

　　根据发掘品的排比可以看出，冠状饰的发展规律较为明显。其变化特点主要表现在两边内收的斜度和曲线、左右下角以及榫头三个部分。参照共出器物的发展阶段与这三个方面的变化程度，略可将其分为四式。

　　一式：以江苏吴县张陵山，浙江余杭吴家埠，桐乡新地里，瑶山 M1、M14 等地出土标本为代表。其主要特点为：榫头的两端与冠体部分无明显分界，只是在下缘钻孔或将冠体下缘略为减薄而成扁榫状，冠体的左右两边内收幅度较小，两条边线基本为直线型。共出的鼎、豆、杯等陶器以及玉石器，尚保留较多的崧泽文化风格。

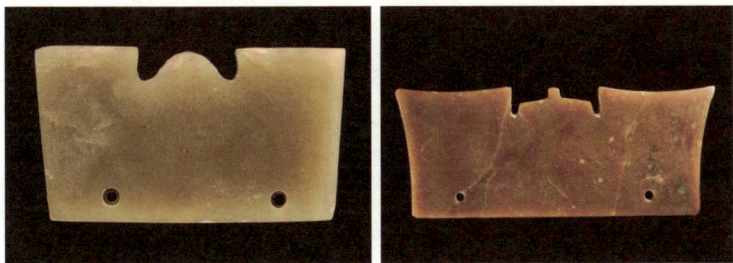

桐乡新地里 M108：33 一式冠状饰（左）

桐乡新地里 M98：5 二式冠状饰（右）

二式：以浙江余杭反山 M17、M18、M12、M15 及瑶山 M3、M7、M11 等墓葬出土标本为代表。其主要特点为：榫头的两端明显收进，与冠体部分截然分开，与一式相比榫头部分也愈加扁薄。冠体两边向下进一步内收，两条边线一般微呈弧线。共出陶器以背侧略厚的鱼鳍形足鼎、宽把豆、夹砂圈足罐、缸等为主。玉石器也已完全脱离崧泽风格，玉器种类较第一阶段已大为丰富，在组合上已构成较为完备的礼器系统。

三式：以上海福泉山 T21M4，浙江嘉兴大坟 M2，余杭反山 M23、M14 等墓葬出土标本为代表。其榫头进一步缩短，两条边线的上部一般呈弧线并进一步外撇。冠体的左右下角均被削减掉，为其与二式的主要区别。共出陶器以 T 字形足鼎、细把豆、双鼻壶、夹砂缸等为主要组合。陶器与其他玉石器的形制，与二式相比，均有明显变化。

四式：以江苏吴县草鞋山 M199 和上海福泉山 T27M2 等墓葬出土标本为代表。在三式基础上，两边和榫部进一步内收。冠体左右下角被削减部分进一步加大。整体上宽下窄，节节内收之势十分明显。共出陶器与玉石器等，也均沿各自演化规律进一步变化。T 字形足鼎的外侧继续加宽，细竹节把豆柄更为增高，双鼻壶的腹部越加向扁腹发展。玉琮等玉器，也均呈现出良渚文化晚期的特点。

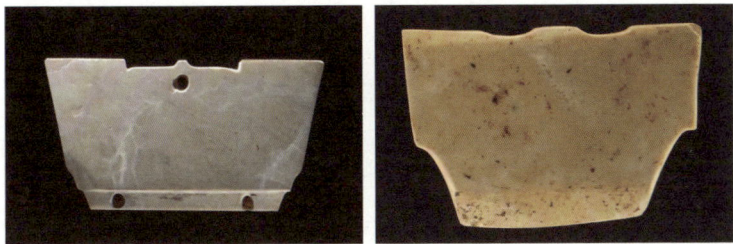

反山 M1：174 三式冠状饰（左）
桐乡新地里 M5：1 四式冠状饰（右）

　　从以上分析看，冠状饰的演化规律十分清楚，并与其他随葬品的演化具有明显的同步性。因此对于判断采集的冠状饰和无其他器物参照情况下的出土冠状饰的年代，准确性应是比较高的。另外，由于冠状饰在使用上与随葬方面有单一性，其在墓葬断代方面应具有特别重要的参考价值。

二 降神的法器玉琮

玉琮作为商周时期的重要礼器，已久见诸经史。自 20 世纪 70 年代以来，玉琮在江苏草鞋山、张陵山等地的良渚文化大型墓葬中陆续被发现，成为良渚文化的重要内涵之一。近年来在国内外学者的著述中，关于良渚文化玉琮的研究，已有颇多涉及。对于良渚文化玉琮的起源、型式、功能等方面的系统探讨，不仅是研究良渚文化内涵及其文明模式的重要方面，通过这一凝聚着中华文明的礼器，也可以窥见良渚文化之于中华文明形成中的贡献等重大问题。

（一）型式研究

良渚文化玉琮，早在 1936 年施昕更先生发掘良渚遗址之前即有出土，并多流于海外。但对其真正的认识，却是从 1973 年江苏吴县草鞋山发掘之后开始的。迄今为止，经科学发掘的材料除草鞋山之外，已有江苏吴县张陵山，常州武进寺墩，昆山赵陵山，新沂花厅，江阴高城墩，无锡邱承墩，上海福泉山及浙江余杭反山、瑶山、汇观山、横山，桐乡普安桥、新地里、姚家山，海宁荷叶地、佘墩庙等数处。这些有确切地层依据的材料是我们赖以认识和探讨良渚玉琮的基础。据不完全统计，近年来发掘出土以及征集的良渚玉琮，已不下百件。研究者们据玉琮整体形态的不同，一般把它分为无四角的扁镯形和外方内圆的方柱形 [1]。也有人依据长宽比的差异，将其分为器宽大于器高者和器高大于器宽者两类 [2]。我们知道，划分考古学器物类型，是为了客观地认识器物的演变发展规律，所以必须努力琢磨器物的原初分类标准，把握其具有实际意义的可分性。从经科学发掘出土的良渚玉琮看，玉琮几乎皆出自墓葬，而良渚文化墓葬以是否有琮、璧等玉

....

① 　南京博物院：《江苏吴县草鞋山遗址》，《文物资料丛刊》1980 年第 3 期；吴山：《江苏吴县张陵山遗址发掘简报》，《文物资料丛刊》1982 年第 6 期；南京博物院：《1982 年江苏武进寺墩遗址的发掘》，《考古》1984 年第 2 期；南京博物院：《花厅——新石器时代墓地发掘报告》，文物出版社 2003 年版；南京博物院：《赵陵山》，文物出版社 2012 年；南京博物院：《高城墩》，文物出版社 2 009 年版；南京博物院、无锡市锡山文管会：《邱承墩》，科学出版社 2010 年版；《福泉山——新石器时代遗址发掘报告》，文物出版社 2000 年版；浙江省文物考古研究所：《瑶山》，文物出版社 2003 年版；浙江省文物考古研究所：《反山》，文物出版社 2005 年版；浙江省文物考古研究所、余杭文管会：《浙江余杭汇观山良渚文化祭坛与墓地发掘简报》，《文物》1997 年第 7 期；浙江余杭文管会：《浙江余杭横山良渚文化墓葬清理简报》，引自《东方文明之光》，海南国际新闻出版中心 1996 年版；刘斌、杜正贤：《中国出土玉器全集——浙江卷》，科学出版社 2005 年版；杨健芳：《中国史前五种玉器及其相关问题》，《新亚学术集刊》1983 年第 4 期。

② 　王巍：《良渚文化玉琮刍议》，《考古》1986 年第 11 期。

器随葬，被分成了大小两类。大墓一般埋葬在人工堆筑或经过人工修整的自然的高大土山上，有独立的墓地，如福泉山、反山、瑶山等处所见。仅以少量陶石器随葬的良渚小墓，则散布于居址之内。在随葬品的多寡优劣及墓穴的大小等方面，这两类墓都表现出迥然的差异。所以作为良渚大墓重要象征的玉琮，应是直接代表占有者身份和地位，并将当时的社会意识寓于其中的一个复杂实体，而并非一般的生活用品。因此玉琮的造型和发展规律，也必然受到更多方面的制约。对于这样一种特殊器物的分析，仅依其外部形态是不够的。所以下面我们试图从玉琮的成型意图和其本身的性质功能等方面，对其型式进行一些探索。

纵观良渚玉琮，虽有高矮方圆之不同形态，但皆施以半人半兽的神徽图案，这是其普遍的共性。也正是依此，研究者们才把并无外方，但四面施刻了神徽的圆柱形玉器划归为玉琮之列。在良渚文化中，目前尚未发现没有施刻神徽，而从形体上可称为琮的例证。因此，神徽可说是构成良渚玉琮的核心因素，是良渚玉琮的灵魂。而琮体本身从一定意义上讲，只不过是为表现这一灵魂而设的躯壳罢了。神徽作为良渚玉琮的共性和本质，为我们探讨良渚玉琮的形式、功能等指出了方向。同时半人半兽的神徽图案又作为良渚玉琮的鲜明个性和特色，而成为良渚文化的特定内涵。所以我们在分析良渚玉琮的型式时，必须和神徽图像一起，做综合的考察。

良渚玉琮上的神徽图案，概括起来大体有三种形态：（1）浮雕的羽冠和兽面与阴线细刻的四肢俱全的人神形象结合的整体图案（见反山 M12：98"琮王"上之完整神徽）；（2）眼鼻口俱全的极尽雕饰的面部图案（见瑶山 M9：4 兽面纹镯式琮及纹饰细部）；（3）仅以小圆圈表示眼睛，以凸起的小横条表示嘴或鼻的简化的象征图案（见反山 M20：121 玉琮纹饰细部）。当然，也有些属中间形式的图案，在此不一一列述。施刻第一种图案的玉琮，目前仅见于反山。从最完整的图像看，以浮雕的手法表现出的是一个略呈弓形的冠和其下獠牙突出的兽面，而在这一冠上则以阴线刻出人神的面部和头上的羽冠状放射线，其四肢围抱于浮雕的兽面纹旁边。初看似乎可以有人兽之分，许多学者也将其解释为人神骑在兽上的形象。但无论从雕刻层次还是从图案比例来看，都表现为人神与兽面对这一弓形冠的共用。从第三种图案，即以小圆圈表示眼睛，以凸起的小横条表示嘴或鼻的简化图案来看，则更是无法区分人（神）面或兽面了。因此无论从构图方式还是从崇拜意义上，我们都无法将这一图像分解开来解释。我认为，如此紧密结合施于同一法器上的神徽图案，在崇拜意义上，是绝不应有人兽之分的。所谓兽面纹应既是人神面部特化的表现，同时又是图腾神人格化的结果。从《山海经》等古文献中关于神的描绘，以及世界其他民族

反山 M12：98 "琮王" 上之完整神徽（左）
瑶山 M9：4 兽面纹镯式琮及纹饰细部（中）
反山 M20：121 玉琮纹饰细部（右）

神话和图腾民族中对神的记载看，神一般也都作半人半兽的形象，这或许正是原始社会后期氏族首领与图腾神结合的造神反映。

神徽在玉琮上的布局，一般为每周对称地施刻四组相同的图案，有单层或多层之分，上下呈竖直堆叠的方式，在相邻两组图案之间隔以竖槽和横的分节槽，这种槽在造型上也构成了良渚玉琮的一个特点。在较早期的玉琮上，我们可以见到兽面纹繁简相间施刻的现象，而在简化一节的上方往往刻出两束平行线。不难想象，这两束平行线正是刻在同一面上的第一种图案冠上的放射线因刻于相交的两个面上而视角改变的结果。如余杭反山 12 号墓所出的大琮王 (M12：98) 上，以四角为中轴的兽面纹，有繁简相间的四层，而在四面的竖槽中，则仅刻了两层带有弓形冠的第一种整体图像。在余杭瑶山 M12：01 号玉琮的上面一节，则直接保留了人神面部的轮廓，这是繁简相间构图布局来源的一个绝好实例。另外，在反山 M12：87 号圆琮上，我们还见到了不仅上下繁简相间，而且左右两组图案也作繁简间隔布列的现象。这种构图方式，目前仅有此一件。由于这件玉琮的钻孔较细，

156

反山 M12：98"玉琮王"立面

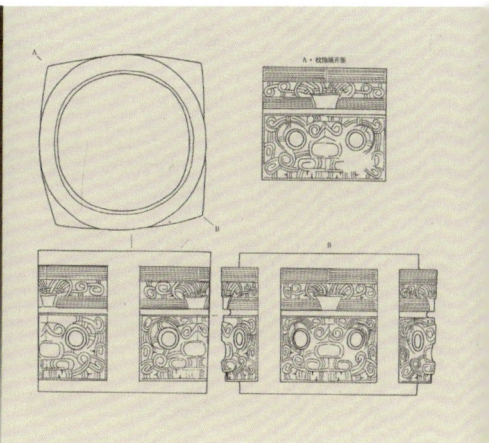

瑶山 M12：10 玉琮及线图

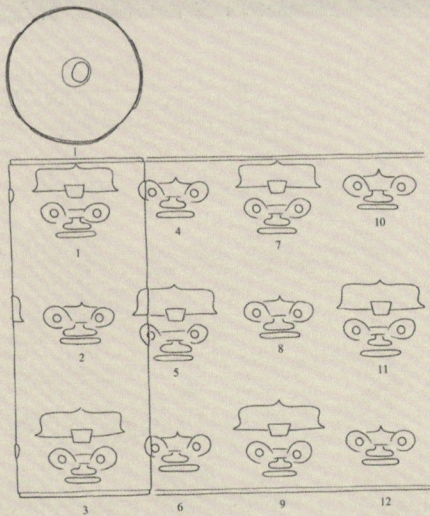

(1-12 为纹饰示意)

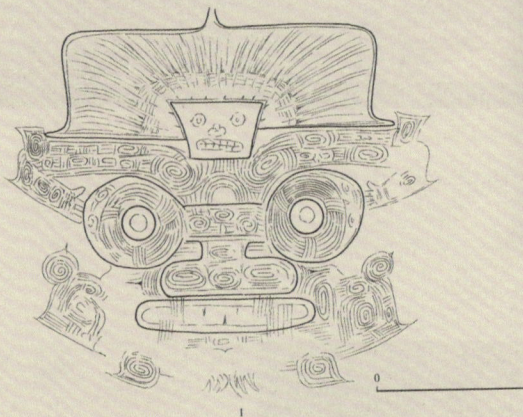

0

1

反山 M12：87 琢刻完整神徽的玉柱形器及线图

158

整体也较细，所以一般被当作柱形器看待，从图案布局及两端也留出射口的情况看，它符合玉琮的形态构成条件，所以我认为这应是利用钻芯而制成的一件特别的玉琮。

　　良渚玉琮的神徽与琮体密不可分的一体性事实，以及兽面神徽的布列方式，决定了作为神徽载体的琮体的形式。对兽面神徽的表现，应是琮最基本的成型意图。目前所发现的良渚玉琮，虽然在形体大小和方圆上各有差异，但依其横截面的不同，基本上可以分为三式：一式，横截面为圆形。从整体观察，可以分为体形较瘦长、中间穿孔较细的柱形和体形较扁宽、中间穿孔较粗的镯形。它们共同的特征是没有四角，而只在施刻神徽的地方做成浮雕形式的凸起 (仅见于反山 M12：87) 或方块形式的凸起。二式，横截面为弧边方形。特点是相邻两面的夹角大于 90°，神徽图像以角为中轴分置于两个面上。三式，横截面基本为正方形，即每两面的夹角等于 90°，神徽图像也同样以四角为中轴对称分布。共存陶器的排比，已证明了这三式之间的发展关系，即从一式到二式再到三式，表明直角逐渐完成这一事实。以往的许多研究文章中也注意到了这点[1]，但遗憾的是均未能与神徽图案

---

① 　杨健芳：《中国史前五种玉器及其相关问题》，《新亚学术集刊》1983 年第 4 期；邓淑苹：《新石器时代的玉琮》，《故宫文物月刊》（台北）第 34 期。

瑶山 M9：4 一式玉琮（上）

反山 M12：93 二式玉琮（下）

综合起来做综合的考察，而只是作为
向"外方内圆"的概念发展的一个自
然过程，被一笔带过了。早期的玉琮，
一般是在圆柱体的外面做出四块凸起
的对称弧面，再在其上阴刻或浮雕出
兽面神徽；而在没有神徽的地方，就
自然形成了间隔的凹槽。这种分块凸
起的目的，显然只是突出其上的纹饰。
反山 M12：87 号圆琮仅将神徽以减
法做成浮雕的形式，而并没有形成分
块凸起的弧面，从一定意义上讲，应
是更为原始的形态。如果在一式琮的
基础上，进一步使神徽突出和立体化，
整体加高原来的凸起部分，显然是没
有意义的，于是就在兽面纹的中间像
鼻梁一样做出了一条脊，此即为二式
琮的最早形式。沿着这一道路，逐渐
加高这条脊的结果是，最后圆柱体终
于演变成了一个方柱体。而原来在一
弧面上的兽面纹，就以这条脊为中轴，

寺墩 M3-11 三式玉琮

从中间被分置于两个平面上了。竖槽和横的分节槽的存在，恰好表明了以加高这一图案为目的而分块凸起的原意。当然这三式琮也存在许多伴出现象，但在张陵山、反山、瑶山等以鱼鳍形足鼎和宽把豆为代表的早期墓中，却不见三式琮；而在寺墩、福泉山、草鞋山等晚期墓与 T 字形足鼎和细高把豆等晚期陶器伴出的则基本为三式和二式较晚阶段的琮。在晚期墓中，也偶见圆琮，但这是地层学原理和事物发展规律所允许的情形，对于使用时间较长的玉器来说，这种共存现象就更是可以理解的。如果我们将早晚不同时期的墓中所出的玉琮形式略做统计，就会发现，在各式琮所占比例上表现出的由圆到方的这一发展趋势是十分明显的。如张陵山仅出土 1 件一式琮，伴出的鱼鳍形足鼎和宽把豆等陶器，尚遗留崧泽文化时期的风格。反山和瑶山的陶器以外侧略厚的鱼鳍形足鼎和宽把豆为代表，虽略晚于张陵山，但仍属良渚文化早期。反山所出土的 20 余件玉琮，除 M12：87 为一式圆琮外，其余皆属二式的较早阶段。瑶山发掘出土的玉琮共 8 件，其中一式 2 件，二式 6 件。而寺墩、草鞋山、福泉山等地的以 T 字形足鼎为代表的晚期墓中的情形为：寺墩 M3 出土玉琮 32 件，其中唯有 M3：43 为一式琮，其余均属三式；草鞋山 M198 的 3 件琮，除 1 件为小琮外，另外 2 件均为三式；福泉山所出土玉琮虽多为二式，但已属与三式非常接近的二式晚期阶段，如 T22M5 出土有 2 件二式琮，T15M3 出土 2 件二式琮和 1 件一式琮。限于篇幅，不一一列述。

　　对照这三式琮所施刻的兽面神徽情况，则是沿着由形象烦琐到抽象简化这一规律发展的，几乎与琮体的演变保持了同步。以浮雕的兽面和阴刻的整体人神结合的第一种图案，目前尚仅见于反山的 M12∶87 和 M12∶98 2 件。M12∶87 为一式圆琮，而 M12∶98 的上述图案则是刻于四面的竖槽之中的，这或许恰好说明这种图案是与在平面或弧面上的表现技巧和传统联系在一起的。而其他一式琮上，一般施以雕琢得十分细致的面部图案。繁简相间的表现手法在二式琮上常见，这正说明了对那种戴冠传统的保留。而在三式琮上，则只有极简省的抽象图案，有的甚至省略了表示眼睛的小圆圈。这种演变过程表明，随着琮的形态渐趋固定化 (外方内圆)，原由神徽图像所承载的宗教内涵，也逐渐移注到琮体上去了。另外，从琮的加工痕迹上，我们也可以找到一些证据。如琮在同一面上的分节槽，左右一般并不十分对称，而是高低参差，这反映了在加工时，并不是以制作出外方的四面为构想，而是以承托神徽的每块凸起为中心完成的。此类标本有草鞋山 T303M1∶1、寺墩 M3∶22 等，在此不一一列举。

　　神徽层次的多少，即琮的节数，往往与琮的高矮有着直接的关系。在较早期的良渚墓中，至今尚未发现 10 节以上的多节数的玉琮。根据寺墩等晚期墓中出土的许多高大的多节玉琮，有人认为玉琮是由

矮到高发展的 ①。虽然多节数的高大玉琮目前尚仅见于晚期墓中，而且晚期采矿和琢玉技艺的提高，也为制造更高大的玉琮提供了可能，但上述观点我们认为尚缺乏充分的证据。如在寺墩 M3 有较矮的三式琮与多节长琮共出；在草鞋山、福泉山等地的一些晚期墓中，却不见有如寺墩 M3 所出的一样高大的玉琮。我们知道，琮等玉质礼器是良渚大墓随葬品的中心，也是墓葬等级的标志。同时，在同一墓地的大墓之间，也存在着等级的差别，琮的大小、多少与这种差别有着直接的关系。反山 M12 不仅出土了被誉为 "玉琮王" 的大琮，而且玉琮和其他随葬品数量、精美程度也显然居于同墓地之首。寺墩 M3 除出土了许多高大的玉琮外，其他玉器的数量也很多，玉琮达 33 件，还有 24 件玉璧和 3 件玉钺等，这在同墓地诸墓中也是最突出的。这种大量玉器集中和神徽图案不断累加的多节玉琮在良渚晚期的出现，或许正是氏族首领权力不断集中的反映。

以上我们对良渚玉琮的型式及概念等问题，做了初步的探讨。对于那种细若手指的琮式管及其他少数在外形上与琮的概念相吻合的玉器，从它们的出土情况分析，在使用功能上与我们所讨论的玉琮具有

① 杨健芳:《中国史前五种玉器及其相关问题》,《新亚学术集刊》1983 年第 4 期;
邓淑苹: 《新石器时代的玉琮》, 《故宫文物月刊》（台北）第 34 期。

完全不同的意义，所以在讨论时未做考虑。我们认为这是由于玉琮所具有的重要功能的影响，从而在其占有者的其他玉器中产生仿琮形器，并以此渲染玉琮持有者的特殊身份。在仿琮形器中，可分为完全仿琮形器和局部仿琮形器两种。占绝大多数的琮式玉管和少数琮形柱形器可称为完全仿琮形器；而下段做成方形的雕刻神徽图案的锥形器等，则可称为局部仿琮形器。

琮式管在形态上与玉琮相比，似乎只是体积大小的差异，也具有方圆之分和节数的多少的差异，但从其出土时的情形看，往往首尾相接地混于管珠之列，或置于其他器类的旁边，显示了其所具有的装饰性或作为其他器物附件的功能。目前我们还没有发现琮式管在型式上有什么规律可循。只是圆柱形的琮式管上普遍施刻着不同于玉琮神徽图案的龙首纹图形，说明其在信仰上可能另有来源。龙首纹图案一般见于圆牌形挂饰的侧面，以及镯、璜等玉器上，其特点是眼睛和鼻孔突出，在额部饰以菱形纹，与神人兽面的神徽图案截然不同。其在圆形琮式管上的施刻方式，一般为每周三只或四只眼睛，每只眼睛左右共用，形成对称的三面或四面，上下也呈竖直堆叠的方式，节数不等。瑶山 M9：5、M10：21 等，即属此类。另外，圆形琮式管上还有一种与典型龙首纹不完全相同的图案，其眼鼻的表现方式一致，但却没有额部的菱形纹，而是以数条垂弧线代替，应是龙首纹的一种简

反山 M17：25 琮式管（左）
反山 M17：29 琮式管（右）

化表现方式，此类标本有反山 M16：14、瑶山 M2：7 等。

琮形柱形器数量较少，主要有反山 M20：1～3、汇观山 M4：1～2 等。在反山、瑶山、汇观山等墓葬中，我们见有一种放置在棺上的柱形器，一般三个为一组，等距离地放在墓的两端和中间，出土时一般高于其他随葬品的位置，经推测应是下葬时压在棺顶的某种装置的附件。反山 M20：1～3 和汇观山 M4：1～2 的柱形器，在造型上与琮基本相同，但从出土情况看，其用途却应是一种放在棺顶上的柱形器，钻孔较细，雕琢纹饰较为粗简。

锥形器是良渚文化中具有标志身份功能的一种重要礼器，在大墓中往往成束放置在墓主人的头部，一般为素面，横截面呈圆形，上端

反山 M20：1 玉柱形器四件一组

为尖状，下端一般做成短榫，并钻出用于固定的小孔。在一束锥形器中，一般有一件雕琢着神徽图像，图案排列方式与玉琮一样，有分节和竖槽，图案位置一般在锥形器的下段，从而形成锥形器的上段横截面为圆形，下段刻纹部分为方形。这种锥形器的产生，显然是由于琮的形态所寄寓的神灵象征而演化出的一种局部仿琮形器的形态。受这种锥形器形式所寓含的象征神灵意义的影响，在良渚文化晚期至良渚文化以后，演化出了一种整体横截面为方形的素面锥形器。

（二）琮的起源及用途

关于琮的起源，以往的研究文章里主要有如下几种观点：琮源于

反 山 M20：71
玉锥形器

玉镯[1]；琮源于土地经界和定居意识[2]；琮系日常用具"方勒"的模仿和扩大[3]；琮乃织机上持琮翻交者[4]；琮为中霤之象征[5]等。古文献中往往言琮"八方象地"，表明了古人对于琮的成形的认识。综合古今诸家之论，研究者们显然只是依据琮的形态，加之各自所得之相似概念来推测。其中起源于镯之说，是以张陵山等地所出横截面呈

① ［日］林已奈夫：《中国古代的祭玉瑞玉》，《东方学报》第40册；冯汉骥、童恩正：《记广汉出土的玉石器》，《文物》1979年第2期。
② 诸汉文：《良渚玉琮试析》，《文博通讯》1983年第5期。
③ 杨健芳：《中国史前五种玉器及其相关问题》，《新亚学术集刊》1983年第4期。
④ 杨健芳：《中国史前五种玉器及其相关问题》，《新亚学术集刊》1983年第4期。
⑤ ［日］滨田耕作：《古玉概说》，胡肇椿译，中华书局1936年版。

168

圆形的早期玉琮为依据，从发展的角度进行观察，所以颇得研究者们的赞同。然而，这种观点显然不能解释那种射面如璧的细穿孔玉琮的起源。其他观点更是以晚期外方内圆的玉琮形式为依据。这些观点无论哪种说法都不能让我们从中找出琮所包含的宗教信仰方面的本质内涵。前文我们在讨论良渚玉琮的型式时，已论及兽面神徽应是良渚玉琮的灵魂和主题，而琮体形式从一定意义上讲只是对这一主题表现的结果。所以良渚玉琮的概念应是表面刻有神徽的中空柱体。对神徽的表现应是良渚玉琮起源的最主要的方面。在太湖流域乃至更广大的地区，这种神徽图案无论在构图还是施刻方式等方面所表现出的规范程度，如承于一师，这反映了这一徽像在这一文化实体中的崇高地位，即已是一种超氏族的图腾神。人们对它的崇拜，几乎达到了一神教的程度。从一定意义上讲，良渚玉琮即是这一图腾神的产物，是这一图腾神的附着体。巫师们正是通过对玉琮的占有和控制，从而实现对神权的垄断。像澳洲原始民族的"珠令卡"一样，尽管只是些刻画了图腾记号的石块或木块，却成了神灵所寄伏的地方，是图腾神的代表和象征，其所具有的神秘力量和功能，是我们所无法想象的 [1]。这是图腾

---

[1] ［法］列维·布留尔：《原始思维》，丁由译，商务印书馆 1981 年版。有的译文中称"止令茄"或"楚令茄"等。

制发展到一定时期的产物，我们很难确切地说它一定是仿照什么的，或者一定是从何种物体起源发展来的。如：易洛魁人制作了竖立于门前的捆了图腾动物皮的柱子；澳洲原始民族在举行仪式时，绘制图腾形象的杆子；我国畲族人制作了犬头拐杖；鄂温克人制作裹了熊皮的木偶；等等 [1]。这些都可以给我们以启示，使我们想象到人类早期可能存在的表现图腾的种种不固定形式。良渚文化的兽面神徽，作为一种超氏族的统一的神灵，反映了发达的图腾制和巫术。形式固定和规范化的良渚玉琮，应是适应这种较高阶段的图腾巫术的需求而产生的一种法器。如果一定要说良渚玉琮源于何物的话，作为图腾神与柱体的结合，在形式和内容上最为相似的，当属图腾民族的图腾柱了。例如美洲印第安人的图腾柱，一般是把图腾形象上下重叠，分层次地雕刻在高大的木柱上。这种雕刻布列方式与良渚玉琮十分相似，所不同的是，图腾柱雕刻的内容和布局往往没有固定统一的格式。作为对神权的垄断，部族首领对图腾柱的占有，也与对良渚玉琮的占有情况一样。如德林克特人、海达人等的图腾柱，竖在酋长住所门前的比一般成员的多；而特林次斯人的图腾柱，甚至只竖立于部族首领的门前，而且

---

[1]　岑家梧：《图腾艺术史》，学林出版社 1986 年版。

170

印第安人的图腾柱

图腾柱的顶端必雕刻首领的形象，或首领个人的图腾记号 [①]。尽管和数十英尺高的图腾柱相比，良渚玉琮显得如此微小，但作为图腾神与柱体的结合这一概念，它们却是极其一致的。我们不能断言，在良渚文化时期或更早，太湖地区是否矗立过像美洲印第安人那样威严高耸的图腾柱——但作为良渚玉琮的前身或孪生兄弟，可以说，像图腾柱一样，玉琮也是图腾信仰的产物。在这片土地上，良渚人的祖先和他们

....

① 岑家梧：《图腾艺术史》，学林出版社 1986 年版。

的图腾一起，创造了玉琮。

　　当然，除了神徽和琮的形体本身的意义外，之所以选择玉来制造琮，也绝非偶然。在这一地区，从马家浜文化开始的悠久的用玉传统，无疑为良渚玉琮的产生提供了物质和技术前提。《说文解字》释"玉"为"石之美有五德者"。石头作为人类最早利用和改造的一种自然物质，曾为人类的生存和发展起过不可估量的作用，伴随人类走过了上百万年的艰难历程，以至于在人类的心灵上留下了深刻的印迹。世界各地的许多民族，都曾赋予石头以种种魔力和品德。如在婆罗门教的入教仪式上，必须让入教者踩着一块石头，并反复叨念："踩上这块石头，跟石头一样地坚定。"[①]具有特殊形状或颜色的特殊石头，更被认为具有特殊的巫术效力。例如秘鲁的印第安人，为使玉蜀黍增产而使用某种石头，为增产马铃薯则使用另一种石头。希腊人曾把一种具有树状特征的石头取名为"苔纹玛瑙"，坚信在耕地时把两块这样的宝石绑在公牛的角或颈上，定会带来好收成[②]。玉作为温润坚韧之美石，之所以几千年来为人们所珍视，除在外观和质地上优于一般石头外，我认为还因其一定的巫术效力。直到今天，江浙一带的人们仍

....

①② ［英］詹·乔·弗雷泽：《金枝》，徐育新、汪培基、张泽石译，中国民间文艺出版社 1987 年版。

有佩玉的习俗，认为玉具有避免危险的效力，老年人常常在腰间佩挂一块玉，认为这样即使摔倒也不至于碰伤。张光直先生曾据《山海经》中巫、山、玉三者的联系，指出作为琮的原料的玉，在天地沟通上应具有特殊意义 [①]。《尚书·吕刑》关于"苗民"的记载中，有"用靈"一词，《说文解字》释"靈"为"以玉事神"。可见玉成为良渚崇拜神的附着体是与其巫术内涵分不开的。尽管我们无法知道良渚人赋予玉以怎样的巫术效力，但我们相信，良渚法器由于和玉结合，具有了双重的魔力。

在谈到琮的用途时，研究者们常常援引《周礼》中关于"黄琮礼地"的记载。汉郑玄释"琮"，谓其"八方象地"。《周礼》始出于西汉中后期，书中所载史实，大多在春秋至战国时期 [②]，其所谓琮，显然是在形成了外方内圆的固定形式以后的概念。而所谓"以玉作六器，以礼天地四方"的六瑞系统，不过是战国至汉初的礼家依据经书，按照当时的宇宙观，想象和整理的结果。若以此作为解释数千年前的良渚玉琮的根据，显然很牵强。横截面呈圆形的良渚文化早期玉琮，更是

[①] 张光直：《考古学专题六讲》，文物出版社 1986 年版；张光直：《谈"琮"及其在中国古史上的意义》，引自《文物与考古论集》，文物出版社 1986 年版。
[②] 陈高华、陈志超：《中国古代史史料学》，北京出版社 1983 年版。

与"天圆地方"的宇宙观不相符合的。且良渚琮上常见有鸟纹，鸟一般被认作天空的象征，于祭地之器上刻以鸟纹，也显然不合情理。那志良先生曾据琮的形态，对"礼地"之说提出质疑，认为祭地之器不必"既象地方，又象天圆"①。张光直先生进一步认为，把方和圆贯穿起来的兼含方圆的琮，"是天地贯通的象征"，"是贯通天地的一项手段或法器"②。我们可以看出，以上解释虽是从实物出发，但仍是以"天圆地方"的宇宙观为其前提的。而这一宇宙观的形成时间当在周汉之际。在商周时期的甲骨文和金文中，未见有关于天地形态的描述。甲骨文中的"天"字，只是一个强调了头部的人的形象，《说文解字》释"天"为"颠也"，即人之顶骨，或为天字的本意。且卜辞中之"天"，一般作"大"字讲，对天地做出宇宙观解释的，在春秋战国及汉代的著述中始见有"天道曰圜""地道曰方"的词句。成书于汉代或略早的《周髀算经》，是最先阐述"天圆地方"这一宇宙观的著作。而汉代戴德所著的《大戴礼记·曾子天圆》篇，则从另一面证明了"天圆地方"的宇宙观的形成不至于早于春秋时期。书中载"单居离问于曾子曰：天圆而地方者诚有之乎？……曾子曰：……如诚天圆而地方，则四角

---

① 那志良：《石器通释》上册第一分册，香港开发公司 1964 年版，第 27 页。
② 张光直：《考古学专题六讲》，文物出版社 1986 年版；张光直：《谈"琮"及其在中国古史上的意义》，引自《文物与考古论集》，文物出版社 1986 年版。

之不掩也。……参尝闻之夫子曰：天道曰圆，地道曰方。方曰幽而圆曰明……"北周卢辩注云："道曰方圆耳，非形也。方者阴义，而圆者阳理。"可见"天圆地方"最初应是阴阳五行之意。而距今5000年的良渚文化，则更不至于有这样的宇宙观的概念了。

近年来一些研究者依据玉琮的形态特点和出土情况等，提出了一些新颖的见解。如琮是保护死者和原始宗教巫术的法器[①]；或认为琮是定居及兼并等的象征，其上的兽面纹有保护氏族免受侵害之意等[②]。在邓淑苹先生的研究文章中，则注意到了琮所具有的图腾崇拜的本质内涵，因而在她的著述中直呼其为"良渚文化中的图腾柱"，并进一步推断，琮在使用时，应是"套于圆形木柱的上端，用作神祇或祖先的象征"[③]。张光直先生也认为，琮的中间应穿有木柱[④]。作为图腾崇拜的灵物，其在用途上必然是和这一图腾崇拜的巫术活动相联系的，但我们还没有找到考古学的证据来证明琮在用于巫术仪式时是否会穿在木柱上。琮的玉料往往顶面平整，底面凹缺，从这一现象分析，琮在使用

---

① 上海市文管会：《上海福泉山良渚文化墓葬》，《文物》1984年第2期。

② 诸汉文：《良渚玉琮试析》，《文博通讯》1983年第5期。

③ 邓淑苹：《新石器时代的玉琮》，《故宫文物月刊》（台北）第34期。

④ 张光直：《考古学专题六讲》，文物出版社1986年版；张光直：《谈"琮"及其在中国古史上的意义》，引自《文物与考古论集》，文物出版社1986年。

上海青浦福泉山 M6：21 玉琮（左）
反山 M20：124 玉琮（右）

时，大约是平放于某处或是直接捧在手中的。总之，我认为良渚玉琮
是一种类似图腾柱的原始宗教法器，同时又不能和图腾柱完全等同起
来，琮上雕刻的统一规范的徽像，说明具有比图腾崇拜更高层次的宗
教形式。兽面神徽所表现的神灵，应已具备了类似殷人的"帝"或"上
帝"的性质。琮是巫师们用以通神的工具，施刻于琮上的徽像，应该
是巫师们要沟通的神或要在作法中表现的神的形象。在良渚玉器上常
与兽面神徽配合使用的，还有一种变体的鸟形图案。以往的研究者一
般主张本地区的古越族以鸟为图腾之说，并上溯到河姆渡文化中的鸟

纹加以论证[①]。但从良渚玉器上兽面神徽和鸟纹的施刻情况看，兽面神徽几乎是唯一的主题，是最为普遍使用的一种图案，除施于玉琮上外，在钺、璜、三叉形器、冠状器、锥形器等玉器上，也多有施刻。鸟纹则比较少见，且只作为陪衬刻于神徽的两边（如福泉山 T4M6：21 琮，反山 M12：93、M20：124 琮，M22：11 冠状器等）。《山海经》中有"东方句芒…乘两龙"，"南方祝融……乘两龙"等记载，或可作为我们理解良渚玉器上神徽与鸟纹饰刻形式的启示。殷墟卜辞中也有"帝史凤"之句，郭沫若先生注云："此言帝史凤者，盖视凤为天帝之使。……旬子《解惑篇》引诗曰：'有凤有凰，乐帝之心。'盖言凤凰在帝之左右。"（《卜辞通纂》上引 398 片）这或许正反映了兽面神徽与鸟纹配合饰刻的含意。

（三）琮的分布及沿革

　　良渚文化玉琮，因其施纹和造型特色，形成了独立的风格，并构

---

① 林华东：《试论河姆渡文化与古越族的关系》，《百越民族史论集》，中国社会科学出版社 1982 年版；林华东：《再论越族的鸟图腾》，《浙江学刊》1984 年第 1 期。

成了良渚文化内涵的一个重要组成部分。到目前为止，在其他一些考古学文化中，虽然也发现了若干玉琮，但基于对良渚文化的认识，不难看出它们和良渚玉琮有着密切的关系，故大都不宜认作为另外的系统。这为探讨和理解良渚文化在中华文明形成中的贡献及高度发达的良渚文化的后续问题，提供了有益的启发。归纳良渚玉琮向外发展传播的途径，大致有如下 3 个方面：

（1）在良渚文化西南方向的广东曲江石峡文化中，曾出土过较多的玉琮和石琮 [①]。这些玉琮、石琮在造型、图案等方面，与良渚玉琮如出一辙。同时出土的璧、钺、锥形器等玉器以及双鼻壶等陶器，也显然为良渚文化的典型器。如果将其理解为一般的文化交流的结果，且不说良渚与石峡相隔千山万水，作为良渚文化神权象征的玉琮被交换输入到其他文化，这也是难以想象的，所以我认为，这些典型器应该是良渚人直接到达该地区的证明。

---

① 广东省博物馆、曲江县文化局石峡发掘小组：《广东曲江石峡墓葬发掘简报》，《文物》1978 年第 7 期。

广东石峡玉琮

（2）在延安，于 1981 年曾征集到一组玉器，除琮之外，还有玉璧、玉斧及 V 形石刀（原文称石犁）等。据报道，这些玉器一般出土于山巅附近，与良渚玉器的埋藏情况十分相似。琮的形制也与良渚玉琮并无二致[①]，另外山西襄汾陶寺遗址、芮城清凉寺遗址以及甘肃、青海的齐家文化遗址中也出土了与良渚文化类似的琮、璧等玉器，陶寺遗址还出土有 V 形石刀等良渚文化所特有的石器。虽然这些玉琮一般光素无纹，但从其形态发展分析，显然应是受了良渚

①　姬乃军：《延安市发现的古代玉器》，《文物》1984 年第 2 期；《中国出土玉器全集》第 14 卷，科学出版社 2005 年版。

山西陶寺玉琮（左）

陕西延安芦山峁出土兽面纹玉琮（中）

陕西延安芦山峁玉琮（右）

文化的影响，而且西北地区此前并无用玉传统，也找不出琮、璧的早期形态的渊源 [1]。

（3）从已知的几件传世玉琮可以看出，良渚文化向北发展，并有与大汶口文化相融合的趋势。如中国历史博物馆藏的 1 件玉琮，四角施简化的神徽，上端的正中则刻有一个大汶口文化陶缸上常见的"日

① 中国社会科学院考古研究所山西工作队、临汾地区文化局：《山西襄汾县陶寺遗址发掘简报》，《考古》1990 年第 1 期；《1978—1980 年山西襄汾陶寺墓地发掘简报》，《考古》1983 年第 1 期；《中国出土玉器全集》第 3 卷、第 15 卷，科学出版社 2005 年版。

月"形纹饰①。把并非一般装饰意义的两种徽号，刻在同一件器物上，正是两种文化在信仰上彼此融合的表现。北京首都博物馆藏的1件玉琮，除四角的神徽外，还刻有一立鸟和"盾形图案"②。台湾故宫的1件玉琮，则在其中相对两面的上端各刻有一"杆状纹饰"③。美国弗利尔美术馆收藏的玉璧上有立鸟、"杆状纹饰"和"盾形图案"连在一起的图形④，说明了这三者的联系。我同意林巳奈夫先生的观点，认为那种阶状盾形图案，当为大汶口文化山形纹的变体⑤。山形纹在大汶口文化的陶器上常施于"日月纹"之下，可见应当为大汶口文化所固有的。所以上举2件玉琮和大汶口文化的关系，当与刻有"日月纹"者相同。另外在江苏新沂花厅遗址，存在大汶口文化与良渚文化共存的现象，出土了与良渚文化完全相同的玉琮、玉锥形器等遗物⑥，从而印证了传世玉琮所反映的良渚文化北渐的事实。

① 石志廉：《最大最古的纹碧玉琮》，《中国文物报》1987年10月1日；《大汶口》，文物出版社1974年版。

② 薛婕：《鸟纹玉琮》，《北京日报》1984年12月10日。

③ 邓淑苹《新石器时代的玉琮》，《故宫文物月刊》（台北）第34期。

④ ［日］林巳奈夫：《关于良渚文化玉器的若干问题》，《博物馆》（日本）1981年第360号。

⑤ ［日］林巳奈夫：《关于良渚文化玉器的若干问题》，《博物馆》（日本）1981年第360号。

⑥ 南京博物院：《花厅——新石器时代墓地发掘报告》，文物出版社2003年版。

甘肃静宁县治平乡后柳沟村出土齐家文化高琮（左）

甘肃静宁县治平乡后柳沟村出土齐家文化瓦楞纹高琮（右）

　　在山东莒县陵阳河遗址出土了类似良渚文化的玉锥形器、阶梯状镶嵌玉片等，在五莲县丹土遗址出土了类似良渚文化的玉琮等玉器①。这些更进一步说明了良渚文化与大汶口文化的融合，以及经历过山东龙山文化演变和发展的现象。另外，近年来在浙江遂昌好川遗址和温州老鼠山遗址，也发现了阶梯状镶嵌玉片及玉锥形器等②，其与山东莒

① 　《中国出土玉器全集》第 4 卷，科学出版社 2005 年版。

② 　浙江省文物考古研究所、遂昌县文管会：《好川墓地》，文物出版社 2001 年版；王海明、孙国平、蔡钢铁、王同军：《温州老鼠山遗址发现四千年前文化聚落》，《中国文物报》2003 年 5 月 28 日。

山东莒县陵阳河出土的台形玉片（左）
浙江丽水遂昌好川出土的台形玉片（中）
浙江温州老鼠山出土的台形玉片（右）

县陵阳河遗址所出十分一致，反映了进入龙山时代之后文化交流圈的扩大。这些与西北地区龙山时代的良渚式玉器的发现，为我们理解良渚后续的文化演变和传播路线等提供了重要的线索。

　　进入青铜时代以后，玉器在祭祀和象征王权的礼器系统中的地位有所下降，被青铜器取而代之，而玉器则多被用于装饰。另外，玉器作为礼仪装束功能的性质，也得到了系统化与规范化，逐渐归纳出了"以礼天地四方"所谓的"六瑞"。在青铜时代早期阶段的二里头遗址中，目前见诸报道的仅有 1 件残破的玉琮，从图片来看，与良渚玉琮

殷墟妇好墓出土的玉琮

十分相似 [1]。二里头所出的玉柄形器上的图案，在造型与施刻方式等方面与良渚玉器上的图案都有相通之处。因此，我们认为，二里头文化的玉器应至少是受了良渚文化影响的结果。

商周及其后的玉琮，一般为平素无纹的外方内圆体。时代较早、出土玉琮数量较多的殷墟妇好墓中，琮和琮形器共计 14 件，其中报告称之为琮的有 11 件。参照报告中的描述及图版，可将它们归纳为三类：第一类为外方内圆体，与良渚玉琮相比，其特点是表面平素无

---

[1]　中国科学院考古研究所洛阳发掘队：《河南偃师二里头遗址发掘简报》，《考古》1965 年第 5 期。

纹，四面完整，而无横竖的分割槽。在原报告中列为二式琮[①]。第二类在原报告中一般属三式琮，其特点是在外方内圆体的四角上又附凸出四角，或直接附着四只雕出的蝉形，表面往往刻横竖的平行线。[②] 第三类在原报告中称为琮形器，特点是两端没有明显的射部，而是直接在一近方的圆角筒体外，上下各雕出四个凸起的蝉形成四个三角凸丁，拟为蝉纹的简化。[②] 基于对良渚文化玉琮发展脉络的认识，第一类外方内圆的玉琮，显然是沿着良渚玉琮四角和四面不断完善的演变方向，逐渐忽略了施纹和分槽的产物，应是继承了中原和西北地区龙山时代的玉琮发展而来。而第二类和第三类琮，则似乎是玉琮角部进一步发展的产物，从实质上看或许已失去了琮的原义，在以后的发展中逐渐被淘汰了。

总之从玉琮看，良渚文化对于夏商周文明的影响是明显的，当然，良渚文化汇入中华文明中的因素还有很多。在周汉之际，当"天圆地方"的宇宙观形成以后，内圆外方的玉琮继而被借用来附会成"礼地"之工具了，有的甚至被刻上了坤卦的符号。

---

① ②   中国科学院考古研究所：《殷墟妇好墓》，文物出版社 1980 年版。

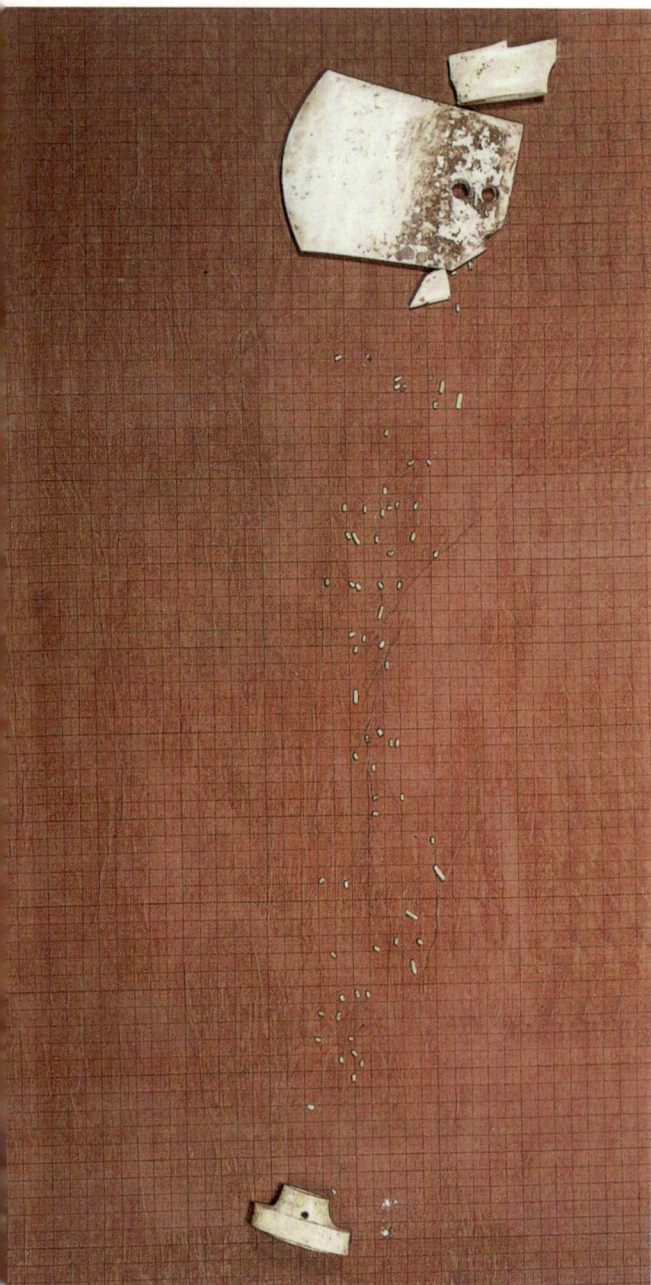

反山 M14：177、
221 依镶嵌玉粒复
原的玉钺

三　武器权杖与国王

　　钺是长江下游太湖流域史前文化时期的重要工具和武器。《说文解字》中称："钺，大斧也。"大穿孔和"风"字形为其基本形态。在这一地区，自新石器时代早期的马家浜文化开始出现石钺，经崧泽文化的发展，始有玉钺。

　　在良渚文化的墓葬中，随葬钺的现象十分普遍。在一般的小墓中，约有一半以上的墓葬随葬了石钺；而在大型墓葬中，许多墓不仅随葬了大量的石钺，往往也随葬玉钺。良渚文化的玉钺，不仅在形制上与石钺有所区别，而且在钺柄的两端还常镶嵌形制固定的玉饰件。在浙江余杭反山 M14 出土的玉钺钺柄上，还镶嵌着 96 颗米粒大小的玉粒，可谓极尽雕饰。

　　在许多考古报告和文章中，对于钺，往往有斧、铲、戚、钺等几种不同的称谓。斧在考古界一般被认作是伐木的工具，而戚和钺则沿用了古文献中有关戚、钺的使用功能的记载，一般被认作是武器和权杖。在《诗经·公刘》中曾用"弓矢斯张，干戈戚扬"来形容周人的军容。《说文解字》释："戚，钺也。（注）大雅曰：干戈戚扬。传云：

戚，斧也；扬，钺也。依毛传，戚小于钺。"戚作为武器，也常用于军乐的舞蹈之中。《礼记》第十九篇《乐记》中记载："钟鼓管磬，羽龠干戚，乐之器也。"从文献记载看，钺更偏重于权杖方面的功能。周武王伐商时，"武王左杖黄钺，右秉白旄，以麾"（《史记·周本纪第四》）。商汤在伐夏之时，也是"汤自把钺"率诸侯，"以伐昆吾，遂伐桀"（《史记·殷本纪第三》）。

从钺的形制及随葬等情况分析，我们认为良渚文化的钺主要是作为权杖和武器。许多形制上的差异并不构成功能上的区分，而只是身份地位的象征。

通过对大量良渚文化墓葬随葬钺的情况的观察和分析，我们发现，良渚文化钺的形制与质地有着密切的关系，不同质地的钺，在形制上、使用范围上及功能上都有所不同。从质地等多方面因素考虑，钺大致可以分为两大类四种：第一类为玉钺；第二类为石钺，约可以分为三种。

玉钺是良渚文化玉器中数量最少、等级最高的玉器，仅在极少数墓葬中才有发现，而且一般一座墓葬中只有一件玉钺，在数量上和普及率上要远远低于琮、璧等其他玉礼器。有玉钺随葬的墓葬，往往其他随葬品的等级和数量也居于前列。玉钺的形制一般为较窄的风字

反山 M12：100 玉钺（左）
反山 M20：144 玉钺（中）
上海青浦福泉山 M9：25 玉钺（右）

形，有较为明显的刃角，穿孔一般较小。许多玉钺具有上下两个或一个半穿孔，应该是出于安柄牢固的原因打了孔。玉钺钺柄的两端常常有形制固定的玉饰件，其中钺柄前端的饰件，文化特征十分明显，以前曾称之为"舰形器"，形象地表达了其形态。这种柄端的玉饰，不仅是美观意义上的装饰，更主要的是具有象征寓意。仔细分析这种钺端饰的形体意义，其与冠状饰应有同样的造型取象。冠状饰是神徽羽冠的正面展开形象。而钺端饰正如玉琮上神徽的表现方式一样，是以鼻线为中轴，将神徽羽冠用对折的两个面来表示的一种表现手法。将神冠加在代表军权与王权的钺杖上面，那么军权与王权也便被赋予了神的意志。浙江余杭反山 M12 出土的玉钺两面上，各刻有一个完整的神徽图案，这是对神权与军权、王权结合的更直接的证明。这种融合使本来具有暴力特征的政权形式成为体现神灵意志的一种方式，从

反山 M12：91 杖端饰

而神化政权。这也许正是东方文明的一种模式。以神权为核心，以神权为纽带的政权体系与社会组织，是良渚社会的主要特点之一，也是良渚玉礼器系统的显著特点。

在反山 M12 中，还出土了类似这种钺端饰的适于纵向观看的冠状饰，其上所刻的沿鼻线对折到两面上的神灵图案，正说明了这种钺端饰所表示的内涵。上海吴家场遗址出土的刻满神徽图案的象牙权杖，其两端的形态设计，也恰与反山 M12 出土的这两件满花玉端饰形态一致，因此也证明了原来反山的这一组玉端饰，原来是镶嵌在象牙权杖上的象征神冠的一种装饰。

在瑶山 M7 出土的钺端饰上，则直接刻出神冠上的羽状纹。如果将冠状饰称作横向的神冠，那么钺端饰则是纵向的神冠。将玉钺的前端装上了这种代表神冠的玉饰，从而在玉钺的整体造型上，完成了神权与政权的融合。也正是祀神被植寓了玉钺的整体构形之后，玉钺才真正超脱了兵器的范畴而成为一种权杖。钺既戴上了神冠，也就如神的偶像一般，使这种权杖成为体现神灵意志的一种象征。具有象征意义的钺杖成为固定的模式，对于后来的字形及礼制方面，都造成了深刻的影响。在甲骨文中"钺"字即写作"♂"，其柄的上下两端的横线，显然正应是玉钺这种具有构成

象牙权杖（吴家场墓地 M207）

职能象征的特有装饰的表现。林沄先生早在《说王》一文中，对"王"与"戉"的关系进行了详细论证，从字形与军权等方面，证明了"王"与"戉"的密切渊源。[1] 而我们今天基于对良渚文化玉钺的认识，又可以给"王"字的本意里，加入一条关于神权的内涵。正如《左传》中所云，"国之大事，在祀与戎"。一个戉字即包含了祀与戎两方面的内涵，而王权无疑是祀与戎这两方面权力的集中体现。

良渚文化的石钺，依其石质、形制及随葬等方面的综合考虑，大致可以分为三种类型。

A 型：为仿制玉钺的石钺。这种石钺一般采用流纹岩或凝灰岩为原料，石质较为细腻，抛光后表面多呈灰绿色，在质感上与玉钺较为相似。受沁后多变为灰白色，表面粗糙易剥落。其形制一般为窄风字形，刃微呈弧形，刃角明显，穿孔较小，与玉钺形制较为相似。这种石钺一般出土于中等级墓地中的身份地位较高的墓葬之中，多位于墓主人的胸腹部；也曾出土于高等级的大墓之中，作为玉钺的副品。这种形制的石钺一般一座墓中只有一件，与同墓中所出的其他石钺，在质感与形制上一般有较明显的区别，其在使用上显然是作为玉钺的代

....

[1] 林沄：《说王》，《考古》1965 年第 6 期。

新地里 M28：14 石钺〔左〕
新地里 M54：6 石钺〔右〕

替品。这种石钺的产生一方面可能是玉材稀少的缘故，另一方面也可能是为表示等级地位等的需要而特意做出的选择。

B 型：为花斑石质的圆角石钺。这种石钺一般采用花岗斑岩或安山岩等为原料，石质较坚硬，表面多呈紫褐色或灰紫色，夹杂灰黑色斑块。形体厚重，有较为突出的圆弧刃，无明显刃角，以及大穿孔为其总体特征。这种石钺一般只出土于高等级的大墓和中等级的墓地中少数身份级别较高的墓葬之中。一方面，从其使用的普及程度讲，石钺要远远小于玉器，这反映出它的稀有与等级之高贵。另一方面，在随葬数量上，它则是仅次于玉管的一种随葬品，一座墓中往往少者数件，多者可达数十件甚至一百多件。这种石钺绝大多数都不开刃，没

反山 M20：24 石钺（左）

新地里 M28：11 石钺（右）

有使用痕迹。分析其功能，应是作为对军权地位的象征物的一种占
有。石质的特殊性与随葬现象应反映出这种石钺在矿源上的稀少与特
殊，我认为这种石料在矿源上应与玉矿有着一定的联系，很可能是玉
矿的伴生矿。而且经专家鉴定，在部分这种石钺中，本身也含有玉的
成分。所以在某种意义上，这种石钺的生产也可能是玉器生产的副产
品。从形制上分析，这种石钺与良渚文化的玉钺及小墓中通常使用的
石钺有较大的区别，在本地区早期的马家浜文化与崧泽文化中虽然较
多见圆角风格，但这种单一的类型承继关系也显得较难理解，而且这
种石钺在良渚文化整个过程中，其形制也没有明显的变化，所以也应
该考虑其在生产与传播上的特殊性。研究这种石钺，对于探索良渚文

海盐龙潭港石钺〔左〕
新地里 M98 : 15 石钺〔右〕

化玉器的生产传播、玉矿的来源等问题，可能会有一定的促进与借鉴
作用。

　　C 型：为小墓中的石钺。这种石钺一般以粘板岩或页岩为原料，
石质坚硬细腻，多呈灰黑色。形制一般为较宽的风字形，刃微呈圆弧
或较平直，大穿孔，刃角明显，制作规范，形体十分扁薄。这种石钺
一般仅见于良渚文化的小墓和中等级墓葬之中。一座一般的小墓往往
随葬一两件，中等级的墓葬中多的可以有四五件甚至更多。

　　以上所区分的三种石钺包括玉钺的各个类型之中也存在形体上的
差异，各有许多宽窄高低之不同，但就现有资料看，这些差异主要表
现在墓与墓之间或墓地与墓地之间风格上的不同，而在型式演变上的
意义不大。

四 玉器的种类与功能

在新石器时代的玉器文化中，良渚玉器无论在品类上还是数量上，都有绝对的优势。在玉器定名中，我们一般按考古学的命名传统，依器形沿用历史旧称，或者是给予新的形态命名。

良渚玉器的功用，很大程度上体现在巫术与王权方面。从玉器产生之初至良渚时代，玉器已从最初的"石之美者"的概念，转化成为一种社会化、礼仪化和宗教化的产品。随着社会系统的不断发展和完备，作为其重要指示物的良渚玉器，也产生了许多细致的分工和复杂多样的造型，以及随着某些重器的宗教巫术意义的扩大，而产生了许多派生形态。按照这些玉器的功能，我们将其大致分为：功能性法器，功能与身份标志的装束品，以及一般装饰与礼仪性用具这几个方面。

（一）功能性法器

可归为功能性法器的玉器大致有玉琮、玉钺、带盖玉柱形器、玉璧、三叉形和锥形器等。

反山 M23：22 两节简化神人纹玉琮（左）
瑶山 M10：15 兽面纹镯式琮（右）

1. 玉琮

　　玉琮是良渚文化极富特征的一种典型器。从目前的认识看，玉琮无疑是作为一种较直接的祀神的礼器而为少数巫师和首领所拥有。研究发现，在良渚文化中，造型上无论方圆，凡可称为琮的，均施刻了半人半兽的神徽图案，对这一神灵形象的表现，即是良渚文化玉琮最基本的成型意图。最早的玉琮概念，应是在四周刻了神灵图案的穿孔玉柱。开始只是对图案本身浮雕或阴刻，后来逐渐将雕刻图案的部分分块凸起，这就形成了玉琮四面的竖槽和横的分节。为了进一步使图案立体化，不断地将鼻线加高，便逐渐出现了琮的四角，最后演化成为横截面呈 90°的外方内圆的琮体形式。在琮体形式发展的同时，琮上的神灵图案也沿着由繁到简、由具体到抽象这一规律演变 [1]。

----

① 刘斌：《良渚文化玉琮初探》，《文物》1990 年第 2 期。

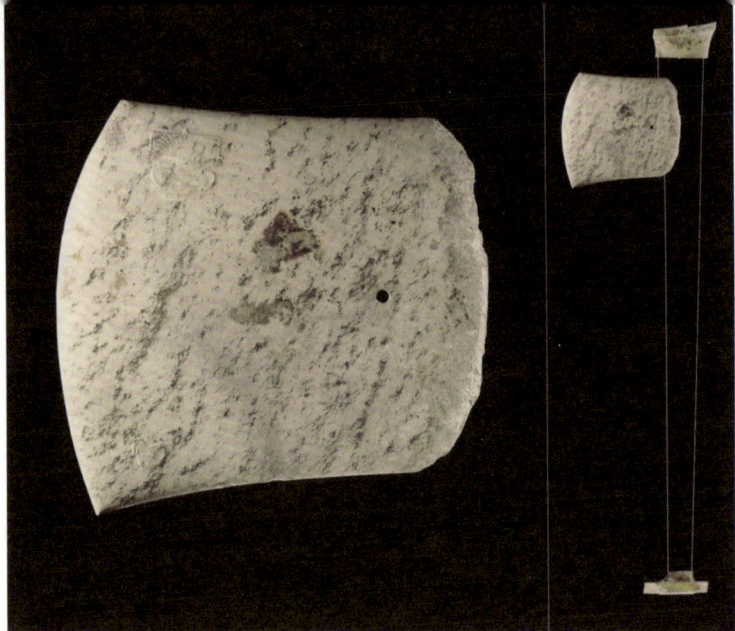

反山 12 号墓"钺王"

2. 玉钺

钺是良渚文化中常见的随葬品，从随葬情况及安柄形制等方面分析，钺应是良渚文化的一种主要武器，其形体一般较宽而薄，上部有较大的穿孔，与青铜时代之铜钺的形态相近，而与遗址中所出的作为生产工具的厚重的斧相比，有明显差异。因此我们认为称钺是比较恰当的。

玉钺是仅限于大墓才有的一种随葬物，在功能上超越了作为实用武器的范畴，而成为一种权杖性的法器。有无玉钺随葬及玉钺的规格档次，都直接反映出墓主人的身份和地位。在反山 M12 中的玉钺上，两面对称地刻有两个神灵的完整图案，这显然是神权与政权融合的一种表现形式。

瑶山 M9：1 带盖玉柱形器

3. 带盖玉柱形器

在柱形器中，有一种出土时与盖状体相叠的所谓的带盖玉柱形器。这种带盖玉柱形器是一种几乎被忽略了的法器，在反山、瑶山墓地中多有出土。报告中一般将其与一般玉柱形器统一介绍，没有给予足够的重视。笔者以为，这种带盖玉柱形器也应是一种独立的功能性法器，而不应与一般柱形器混为一谈。从其出土情况看，一般位于墓主人头部。在瑶山除 M11 外，这种带盖玉柱形器是只限于南列墓才有的一种随葬品，这说明其在祭祀职能分工上的重要性。带盖玉柱形器的盖体部分一般为扁平体，顶面常做成球面或弧凸面，连接面为锯切出的平面，平面中部一般有牛鼻状邃孔，穿孔一般极细，少数穿孔为上下贯通之透孔。其柱体部分多为素面圆柱，少数施有神徽图案，中间有一较细的上下贯通的钻孔。起初依形制和一般观念，而将盖复原于柱体的上面，也因此被称为带盖玉柱形器。后细考其穿孔方式与使用状态，发现牛鼻状的邃孔应是适合于柔软的线状物穿系的一种穿孔。如此将盖与柱体相连提携，则盖体部分位于下方应更为合理。而且在出土时也未见有盖体叠于柱之上者。后在瑶山发掘时，发现M9：1 所出的带盖玉柱形器的柱体部分刻有三面式的兽面神徽，出土时盖体叠放于柱体的下面，而柱上的神徽图案所指，却为正放位置，从而为考证这种法器的使用方式提供了直接的依据。

4. 玉璧

玉璧是良渚玉器中较多见的一种法器，一般光素无纹，只有极少数传世品施有类似阶梯状的台形图案。在玉璧的刻纹中，我们尚未见有施兽面神徽者，这说明了玉璧在祭祀功能上与其他法器有区别。考其玉质、加工及出土情况，我认为璧一般应有质地的限定。关于璧的功能，虽有祭天及财富象征等种种说法，但我认为，璧首先是符合"以玉事神"的玉的本质意义的一种祭品，而众多玉璧随葬的情况则反映了对某种特定玉料的占有现象。财富之说即应是这种玉料占有概念的一种延伸罢了。而祭天说，大凡应是对"天圆地方"的"盖天论"宇宙观的一种附会。从良渚玉璧的周径尺寸及随葬情况分析，当时在

反山 M23：192 玉璧

祭祀功能上似不应有璧、瑗之分。虽然按穿孔大小，或有符合于后世规定比例者，但它们在使用概念上都应是相同的。所以笔者以为，在名称上应统称之为玉璧。

反山 M12：83 玉三叉形器（左）

瑶山 M7 玉三叉形器与长玉管组合（中）

瑶山 M7：26 玉三叉形器（右）

5. 三叉形器

　　三叉形器出土时一般位于墓主人头部上方，所以原报告中推测，它应是巫师们头冠上的一种装饰。有施兽面神徽者和素面者两种，其外缘轮廓一般为圆弧形，上有三个分叉，中间的叉往往略短。三叉上一般都有钻孔，中叉的孔均为上下贯通的竖孔，两边叉上或为竖孔，或为牛鼻状邃孔。出土时中叉相对处往往有玉管相接，在使用时应是贯穿在一起的。

　　从反山、瑶山看，三叉形器一般出自南列墓中。反山共出土 5 件三叉形器，除 M20 外，均出自南列墓。瑶山所出土的 6 件三叉形器，也均为南列墓所有，可见其在祭祀分工上有相当严格的规定。从三叉

瑶山 M8：8 玉三叉形器（左）
瑶山 M9：2 玉三叉形器（中）
瑶山 M10：6 玉三叉形器（右）

形器的造型上分析，其与圆雕的玉鸟颇有神似之处。在构形上，玉鸟的双翅与鸟尾也恰构成三叉的形状，鸟翅的前缘也均为圆弧形，与三叉形器之边缘如出一辙。从反山与瑶山所出土的 5 件玉鸟看，除反山M15 玉鸟出土于头部，而且未出三叉形器外，其余均与三叉形器共出。玉鸟一般位于墓主人下肢部位，正构成巫师的扮神装束与法器的呼应之势。所以笔者以为，三叉形器可能是一种象征神鸟的独立的功能性法器，而并非巫师们头冠上的装饰品。

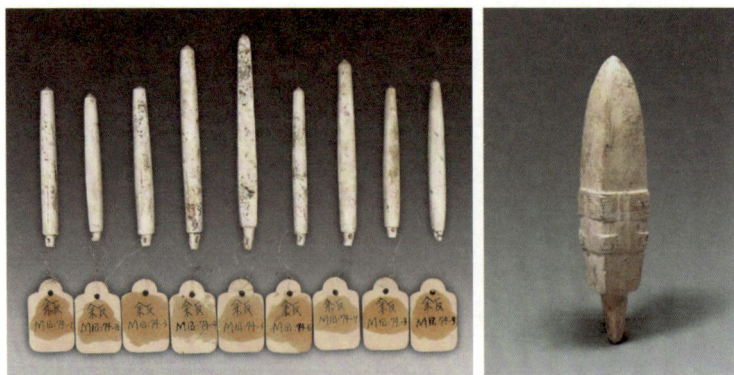

反山 M12：74 成组玉锥形器（左）

反山 M15：39 玉锥形器（右）

6. 锥形器

　　锥形器是良渚大墓中较多见之玉器，人们一般将整体较细长者称为锥形器，而将较短粗者称为玉坠，也有称为玉笄者。其横截面有方、圆两种，以素面者居多，少数琢有神徽图案。截面为方者，其图案布列一般如琮形，呈四面式，中间有隔槽，这显然也是受了琮的影响。截面为圆者，其上的纹饰则一般为两面式。无论长短方圆，其上端均做成尖状，下端一般做成短窄状，并且往往有细小的横孔。从所有施纹者来看，均以尖端朝上为正。因此在使用上，除少数极短小者不能排除做坠使用外，一般不应以坠挂为其使用方式，而应是以短榫固定，以竖直的方向使用。

从随葬情况看，比较明确的使用方式有两种：一种是成束地放于死者的头部，尖端一般朝上，在一束中往往由一件方锥和数件圆锥组成，方锥的施纹者居多，而且也常常与三叉形器放置在一起。从反山、瑶山看，这种成束的锥形器多见于南列墓。关于其功用，目前大致有三种看法：第一种认为可能与束发或冠帽上的装饰有关，有的人直接称之为玉簪；第二种认为它是巫医治病时所用的玉针砭；第三种认为它是从骨镞演变发展而来，是象征兵权和身份的礼仪性兵器玉镞[1]。除成束放置于头部的玉锥形器外，还有一种往往单件位于死者腰侧的锥形器，尖端也一般朝向脚部，推测其功用，可能是死者手中所持的某种杆状物前端的镶嵌。其普遍性和固定性的随葬情况反映出这不是一种一般的用具或装饰品，而是具有固定的象征意义和功能、身份代表的礼器。

---

[1]　蒋卫东：《试论良渚文化的锥形玉器》，《文物》1997 年第 7 期；林华东：《从良渚文化看中国文明的起源》，引自《文明的曙光——良渚文化》，浙江人民出版社 1996 年版。

（二）功能与身份标志的装束品

功能性法器应是可独立供放或手持使用的玉器。而具有身份及功能性标志的装束品，在一定意义上或可称为装束性法器。它们是直接穿戴于巫师和首领身上的玉器，具有祭祀功用，也作为身份、职能等的标志。它们与功能性法器配合使用，相辅相成，共同构成良渚玉礼器系统的一部分。主要有冠状饰、半圆形冠饰、玉璜、圆形或玦形牌饰、玉鸟以及刻有崇拜图案的镯、管等。

1. 玉冠状饰

玉冠状饰是良渚玉器中较为多见的一种。一般为形体扁薄的倒梯形，上端中间往往有凸起的尖，下端修成扁榫状，并有许多小孔，以便固定。其整体形态与完整神徽的弓形帽子十分相像，因此，我们称之为玉冠状饰。在以往的报告和研究文章中，也有将其称为玉佩或倒梯形器的。从其造型与出土情况分析，我们曾认为这种玉冠状饰应是镶嵌在有机质的神像头上的一种实体玉冠。

1999 年浙江海盐周家浜遗址的发掘中，发现了与象牙梳连在一起的冠状饰，从而揭开了冠状饰的使用之谜。这种窄梯形的梳子是中国早期梳子的通行模式。新石器时代较典型的标本有大汶口文化的象牙梳，商周时期常见整体为玉质的梳子。这些梳子与良渚文化的梳子相比，具有共同的特点：都有较高的梳背，而且梳背上常常有装饰。将信仰崇拜的神灵形象雕琢于梳背上，或直接将梳背做成神冠的样子，这反映出这种梳子在当时的重要性，它不应仅仅是简单的实用品。而且良渚文化冠状饰的随葬情况，也反映出拥有这种梳子的人所具有的崇高地位。

在反山、瑶山墓地中，每座墓都有一件冠状饰，而在张陵山、草鞋山、寺墩、福泉山、汇观山及中等级的许多墓地中，冠状饰都是出土于地位较高的墓葬之中。这反映出这种梳子在标明身份中的重要性和不可或缺的地位。因此我认为，良渚文化的梳子，除了具有梳理头发的实际用途之外，更重要的用途应是巫师和首领将其插在头上，作为身份和地位象征的一种装饰。将神冠戴在巫师和首领的头上，那么巫师和首领便成为神的化身，这是良渚文化神权统治的一种表现。

2. 半圆形冠饰

这种整器为扁平的半圆形的正面一般呈凸弧面，有刻兽面神徽者和素面者两种，背面略凹，一般有三组牛鼻状邃孔，以便穿缀。由于整器为半圆形，颇似英文字母 D，所以以前有学者将其称为 D 形器。

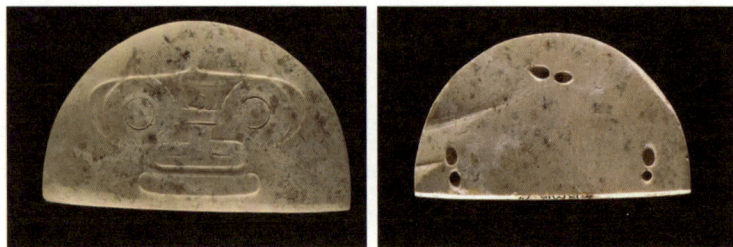

反山 M12：78 半圆形玉饰片（左）
反山 M12：79 半圆形玉饰片（右）

　　通过反山的发掘，我们发现，这种玉器均四件为一组共出，出土时均位于死者头部的上方，围成一个圆形，所以推测应是死者冠帽上的一种装饰，因此将其命名为半圆形冠饰。这种冠饰在反山等墓地中均有出土。从反山出土的四套看，分别出自 M12、M14、M20 和 M23，这四座墓几乎是反山墓地中规格最高的墓葬。所以我认为，这种半圆形冠饰是一种表示身份、地位的特定的功能性装饰。

瑶山 M4 玉璜、玉梳背及管串出土情况〔左〕

瑶山 M11 龙首纹玉璜玉组佩，反山 M22 玉璜玉组佩〔右〕

3. 玉璜

　　玉璜是良渚文化特征性比较明显的一种玉器，一般为所谓的半璧形。两边各有一可穿系的小孔，正面一般为弧凸面，背面为平面，有光素者和施纹者两种。纹样一般为兽面神徽及其变体形态，偶见有在边缘轮面上施龙首形纹样者。

瑶山 M4：34 兽面纹玉璜（上）
瑶山 M11：84 透雕玉璜（下左）
瑶山 M11：83 玉璜（下右）

　　从随葬情况看，玉璜一般出土于等级较高的大型墓葬中。在反山、瑶山两个墓地中，玉璜均出自北列墓中，往往与纺轮等共出，而且出土玉璜的墓葬一般不出钺等武器类器物，这反映出玉璜是具有身份、职能象征的一种功能性佩戴，而并非一般意义的装饰。由于良渚文化墓葬的骨架大都腐烂殆尽，所以根据随葬品的共存情况分析，玉璜可能是贵族女性的身份象征。

瑶山 M2∶17 龙首纹小玉环（左）

瑶山 M11∶59 龙首纹小玉环（中）

瑶山玦形小玉环（右）

4. 圆形或玦形牌饰

从反山、瑶山墓地看，有一种圆形或玦形牌饰，一般与玉璜共存，为北列墓所专有，也是一种标志身份和职能的功能性佩戴，往往成组排列于墓主人的胸腹部，其形体一般较扁薄，直径一般在 5 厘米左右，中间有一大穿孔，少数有一切口，成玦形，近边缘一般有一个可供穿系的小孔。有光素者和施纹者两种，施纹者纹样均为龙首形纹，有单个或两至三个龙首，均琢刻于边缘轮面上，呈相对或首尾相接的形式。

瑶山 M2 出土的玉鸟

5. 玉鸟

玉鸟是良渚文化圆雕动物造型中最为多见的一种。鸟的形态较固
定，呈展翅飞翔状。观其体态，颇似家燕的形状。鸟的腹部一般钻有
牛鼻状邃孔，出土时多位于墓主人下肢部，推测应是缝缀于巫师衣袍
下部的一种功能性装饰。反山、瑶山共出土了 5 件玉鸟。从玉器上施

刻鸟纹的情况看，鸟纹一般与神徽图案相配组合施刻于神徽的左右两侧。其中反山 M12 出土的玉钺上，玉鸟刻于神徽的下方，而且鸟纹的身体部分一般完全用神徽的眼睛表示，这说明这种鸟应该是良渚神的载体。巫师将玉鸟缝缀于自己衣袍的下方，正说明了巫师是作为神的扮演者和替身，在衣着特征上追求的是与神灵一致的效果。

除了这些特征性的器种之外，作为与祀神有关的良渚玉器，其功能性法器与功能性佩戴，都和神灵图案有着密不可分的最直接的关系。所以除了固定的具有特定意义的造型之外，有无施刻神徽图案，亦是功能性装饰与一般装饰的区别所在。我们知道，除器种之外，纹饰也是区分大墓小墓的严格标准，在一般的良渚小墓中，是绝对见不到神徽图案的。所以即使是一般意义的管、镯之属，只要施刻了神徽图案，就应有其功能上的意义与区分，而不能与一般装饰混为一谈。

从反山、瑶山看，龙首形纹是与北列墓相关的一种图案，显然是具有崇拜意义的分工或所属。因此不管施刻于何种器物上，只要是有这种图案，首先就代表了崇拜上的功能，然后才是装饰。如瑶山M1：30 的龙首镯，即属此类。与功能性造型相比，施纹器物是偶然的、随意的，在祭祀功能上应是起辅助的衬托作用。

反山 M12 出土的玉带钩（上左）
反山 M12 出土的玉带钩（上右）
反山 M23 玉织具（下）

（三）一般装饰与礼仪性用具

可确定为一般装饰的玉器，大凡只有光素无纹的管、珠及玉镯等，虽然多寡也常是贫富与地位的反映，但却不构成职能分工与祭祀上的意义。管、珠在良渚小墓中也是一种常见的饰品。此外，在大墓中还常有些嵌于有机质等上面的玉粒，以及我们称为插座、杖端饰等的复合玉件。对于这些复合玉件的命名与归属，尚难有确切之证据，所以也暂统归于一般装饰之列。

目前较为明确的礼仪性用具，主要有玉带钩、玉织具和玉纺轮等。

玉带钩一般出于墓主人腰腹部，形制明确，只见于少数大墓之中，虽无职能区分，但也是身份、地位的一种明确标示物与实用品。在少数带钩上雕刻有神徽图案，可见巫师和首领的许多装饰和实用器，也都被赋予了神性。

目前较为明确的玉织具只有反山 M23 所出的三组六件的一套，报告中推测其为"卷布轴，机刀，分经器"。从其形制及出土情况分析，为织具当无疑义。而从墓主人之身份、地位及该物制作之精美超过一般之用具来分析，笔者以为并不应完全出于生产之目的，其作为

瑶山 M11 带杆玉纺轮

瑶山 11 号墓玉器出土情况

统领织工的礼仪性功能，恐怕更为重要。

目前完全可以确认的玉纺轮，为瑶山 M11 所出玉的连同玉杆的纺轮。此前虽有些将扁轮状玉定为纺轮者，但均不能完全确证。从瑶山 M11：16 的带杆玉纺轮看，其纺轮的形制应为中间有一较细的穿孔扁圆台体，这为我们今后对玉纺轮的定名和归类提供了依据。当然在定名时，我们还应参考墓主人身份及出土情况等来加以综合考虑。此外，还有一些复合用具尚难确认其功能与命名，有待今后考古工作的继续发现和研究。

结语 Conclusion

我们知道，玉器、青铜器和瓷器是中国古代文化的重要代表，尤其是玉器，从其产生之初便与人们的审美意识及精神信仰有着密不可分的关系，因此玉器中凝结了更多的人文精神的内涵。经历了几千年的兴衰演变，直到今天，我们中国人依然保持着爱玉的风尚。

这种信念和喜爱除了源自玉的质感之外，更多的来自我们的文化。在历史典籍中，关于用玉和玉的理念的记载，主要见于春秋战国时代。《礼记·玉藻》中说："古之君子必佩玉，……君子无故，玉不去身，君子与玉比德焉。"《荀子·法行》中记载，"孔子曰：……夫玉者，君子比德焉。温润而泽，仁也。栗而理，知也。坚刚而不屈，义也。廉而不刿，行也。折而不挠，勇也。瑕适并见，情也。扣之，其声清扬而远闻，其止辍然，辞也。故虽有珉之雕雕，不若玉之章章。《诗》曰：言念君子，温其如玉。此之谓也"。

成书于西汉的《说文解字》，总结了前人对玉的自然属性与人文属性的内涵，将玉字解释为："石之美有五德者。"玉包含了我们中华民族仁义礼智信的民族精神，包含了中华文化 8000 年的历史脉络。

从用玉理念上，我们大致可以将中华玉文化的历史分为五个阶段。第一阶段为新石器时代早期，约在 6000 年以前，玉还是作为一种美石的概念，用于制作装饰品或者小型工具。除了透闪石矿物以外，多数地区使用石英、叶蜡石等材料。

第二阶段为新石器时代中晚期，从距今约 5500 年至 4000 年左右，玉除了作为装饰以外，逐渐走向神圣化，成为祭祀神灵和权力地位的标识物。在材料选择上也更加清楚——地位越高，所用材料也越纯；地位较低者，往往混用叶蜡石等材料。

第三阶段为商周至秦汉时期，玉作为矿物的神圣性与神秘性继续延续发展。在进入青铜时代以后，铜器则逐渐取代了玉器在祀神和权力象征方面的地位，鼎等青铜礼器，成为国家和权力的象征。铸铜技术除了用于礼器制造外，还主要用在兵器方面。正如《左传》中所说的"国之大事，在祀与戎"。

一方面玉的主要地位被取代，另一方面随着新技术的产生，玉器的制作工艺却得到了更大的发展，品种和数量进一步丰富。用玉的理念和玉器的功能，被重新规定和系统化。如《周礼》记载："以玉作六器，以礼天地四方。以苍璧礼天，以黄琮礼地，以青圭礼东方，以赤璋礼南方，以白虎礼西方，以玄璜礼北方。"从全国的发现看，这时期的玉器，在文化特征上逐渐走向一体化。良渚文化系统的琮、璧、钺、璜等被继承和发展，同时又产生了圭、璋、琥、戈等许多新的玉礼器。圭、璋成为这时期具有代表性的器物，在标志身份时有着十分重要的地位，《周礼》上说："王执镇圭，公执桓圭，侯执信圭，伯执躬圭。"

春秋战国时期，是玉器制造的繁荣发展时期。种类繁多，雕琢精巧，镂空透雕与细密的满花装饰，成为这一时期玉器的特点。动物造型与装饰内容，从以前的形象生动，而转变为神秘抽象。在崇玉风尚方面，更是达到了前所未有的盛况。"和氏之璧"与"随侯之珠"等玉器，被奉为天下之至宝，引起诸侯之间的纷争，以至墨子、韩非子等许多思想家，出来批评这种重玉之风。在玉的理念上，进一步人格化与道德化，所谓"君子比德于玉"，"君子无故，玉不去身"。佩玉成为道德礼仪的规定。

秦汉时期，国家一统，在文化上更是达到了前所未有的大同状态。从考古出土的文物看，反映了日常生活与文化信仰各个方面的规范与统一。从全国玉器的出土情况看，秦汉时期达到了一个新的高潮，玉器的种类及佩戴与使用方式，沿用春秋战国以来的习俗。在体现礼制方面，夏商以前以敬事神灵为主要内容；自春秋以来则逐渐趋于生活化与礼仪化。社会地位的尊卑高下，日常生活的举止进退，无一不受礼的约束，处处都有礼法的规定。

对玉质本身的信仰方面，秦汉以至南北朝，进一步发展了自上古以来的灵物观念，以玉敛尸的风俗，可谓空前绝后。《周礼》中即有"疏璧、琮以敛尸"的记载，春秋战国时代，一般只见有玉覆面和玉含，而汉代则发展为以金、银或铜线穿缀的包裹整个身体的"玉衣"。《抱朴子》中说："金玉在九窍，则死人为之不朽。"普通人一般只在口中或手中放玉，《后汉书·礼仪下》称为"饭含珠玉"。在汉六朝时期，玉琀一般做成蝉形，因为蝉有从土中钻出，然后蜕变羽化的过程，所以寄托了人们转世成仙的愿望。手中放置的玉握，一般做成猪形，象征财富。

第四阶段为隋唐以后，用玉的理念发生了很大改变，玉在礼仪与灵性方面的概念逐渐被淡化，而只作为珍贵与美丽的材质，广受人们的喜爱。除了皇家仍然使用圭、璧等玉礼器之外，一般的玉器制作则走向世俗生活化，以写实的艺术手法表现现实生活和当时的社会思潮。龙、凤、牡丹、缠枝鸳鸯等吉祥图案和"吉庆有余""五子登科""福禄长寿"等固定题材成为玉雕中常见的内容。佛像、观音、罗汉及文玩等也是唐宋以来的常见题材，并形成了如唐代的玉飞天、宋代的龟巢荷叶和玉童子、金元的玉春水和玉秋山等不同时代的代表作品。另外，金银嵌玉头饰和手镯等，也一直深受妇女们的喜爱，而玉带则成为自唐至明代官员等级的标志。

第五阶段为清代，除了一般玉器之外，大型玉山子代表了中国玉文化和玉雕水平发展的另一个高峰。

总之，玉器 8000 年的传承发展，为我们了解中华文化 8000 年来的文化脉络，提供了一条美丽的线索。玉代表了我们中华文明的美德，愿我们以之共勉。

图书在版编目（CIP）数据

法器与王权：良渚文化玉器 / 刘斌著. —
杭州：浙江大学出版社，2019.7（2025.1重印）
　（良渚文明丛书）
　ISBN 978-7-308-19216-3

　Ⅰ．①法… Ⅱ．①刘… Ⅲ．①良渚文化—古玉器—
研究　Ⅳ．①K876.84

中国版本图书馆CIP数据核字（2019）第111970号

法器与王权：良渚文化玉器

刘　斌　著

出 品 人	鲁东明
策 划 人	陈丽霞
丛书统筹	徐　婵　卢　川
责任编辑	杨　茜
责任校对	杨利军　牟杨茜
装帧设计	程　晨
排　　版	杭州林智广告有限公司
出版发行	浙江大学出版社
	（杭州市天目山路148号　　邮政编码　310007）
	（网址：http://www.zjupress.com）
印　　刷	浙江省邮电印刷股份有限公司
开　　本	880mm×1230mm　1/32
印　　张	7.625
字　　数	144千
版 印 次	2019年7月第1版　2025年1月第6次印刷
书　　号	ISBN 978-7-308-19216-3
定　　价	58.00元